Découvrez des Jeux Gratuits en Ligne

Disponible Ici :

BestActivityBooks.com/FREEGAMES

5 ASTUCES POUR DÉMARRER !

1) COMMENT RÉSOUDRE LES MOTS MÊLÉS

Les puzzles sont dans un format classique :

- Les mots sont cachés sans espaces, tirets, ...
- Orientation : Les mots peuvent être écrits en avant, en arrière, vers le haut, vers le bas ou en diagonale (ils peuvent être inversés).
- Les mots peuvent se chevaucher ou se croiser.

2) UN APPRENTISSAGE ACTIF

Un espace est prévu à côté de chaque mots pour noter la traduction. Pour favoriser un apprentissage actif un **DICTIONNAIRE** à la fin de cette édition vous permettra de vérifier et étendre vos connaissances. Cherchez et notez les traductions, trouvez-les dans le Puzzle et ajoutez-les à votre vocabulaire !

3) MARQUEZ LES MOTS

Vous pouvez inventer votre propre système de marquage. Peut-être en utilisez-vous déjà un ? Sinon, vous pourriez, par exemple, marquer les mots qui ont été difficiles à trouver d'une croix, ceux que vous avez aimés d'une étoile, les mots nouveaux d'un triangle, les mots rares d'un diamant, etc...

4) STRUCTUREZ VOTRE APPRENTISSAGE

Cette édition vous offre un **CARNET DE NOTES** très pratique à la fin du livre. En vacances ou en voyage ou à la maison, vous pouvez facilement organiser vos nouvelles connaissances sans avoir besoin d'un second bloc-notes !

5) VOUS AVEZ FINI TOUTES LES GRILLES ?

Allez à la section bonus **CHALLENGE FINAL** pour trouver un jeu gratuit à la fin de cette édition !

Simple et Rapide ! Découvrez notre collection de livres d'activités pour votre prochain moment de détente et **d'apprentissage**, à juste un clic de distance !

Trouvez votre prochain défi sur :

BestActivityBooks.com/MonProchainLivre

À vos marques, prêts... Partez !

Saviez-vous qu'il existe environ 7 000 langues différentes dans le monde ? Les mots sont précieux.

Nous aimons les langues et avons travaillé dur pour créer les livres de la plus haute qualité pour vous. Nos ingrédients ?

Une sélection des thématiques d'apprentissage adaptée, trois belles parts de divertissement, puis nous ajoutons une cuillère de mots difficiles et une pincée de mots rares. Nous les servons avec soin et un maximum de plaisir pour vous permettre de résoudre les meilleurs jeux de mots mêlés qui soient et d'apprendre en vous amusant !

Votre avis est essentiel. Vous pouvez participer activement au succès de ce livre en nous laissant un commentaire. Nous aimerions vraiment savoir ce que vous avez préféré dans cette édition !

Voici un lien rapide qui vous mènera à la page d'évaluation de vos commandes :

BestBooksActivity.com/Avis50

Merci pour votre aide et amusez-vous bien !

1 - Été

```
L L K S Z A B A D I D Ő B C
Ö R Ö M T L M Ú S Z N I A C
S Y F G B R C V Z C W P R S
J P D Z N Y A R A L Á S Á I
Á C S A L Á D N N U U B T L
T E E X P I Z J D V V Ú O L
É H V Y U T A Z Á S C V K A
K I K A P C S O L Ó D Á S G
O B L J Z T K J K O T R F O
K Ö N Y V E K E C Y E K S K
Z K E M P I N G R W N O H L
M I N R Z U C E H T G D Y N
É L E L M I S Z E R E Á Y B
Z K O J O P A D G L R S P E
```

BARÁTOK	ZENE
KEMPING	ÚSZNI
CSILLAGOK	ÉLELMISZER
CSALÁD	STRAND
KERT	BÚVÁRKODÁS
JÁTÉKOK	KIKAPCSOLÓDÁS
ÖRÖM	SZANDÁL
KÖNYVEK	NYARALÁS
SZABADIDŐ	UTAZÁS
TENGER	

2 - Adjectifs #2

```
M  E  K  N  D  T  F  E  L  E  L  Ő  S  S
L  G  R  Y  R  E  É  R  D  E  K  E  S  Z
E  É  E  G  Á  R  B  Ő  O  H  B  M  R  Á
Í  S  A  J  M  M  X  S  D  M  D  K  B  R
R  Z  T  P  A  É  N  G  N  S  K  S  H  A
Ó  S  Í  T  I  S  Z  T  A  E  Á  B  Ú  Z
V  É  V  A  D  Z  T  E  K  L  L  Ü  Y  J
H  G  H  Í  R  E  S  R  A  E  M  S  C  E
D  E  S  V  T  T  F  M  J  G  O  Z  E  N
Z  S  J  S  Y  E  H  E  B  Á  S  K  V  R
L  O  X  A  K  S  C  L  V  N  T  E  X  J
H  I  T  E  L  E  S  Ő  O  S  J  A  C  O
W  K  U  W  E  L  V  W  J  Ó  V  V  L  C
T  E  H  E  T  S  É  G  E  S  U  T  T  G
```

HITELES	TERMÉSZETES
HÍRES	ÚJ
KREATÍV	TERMELŐ
LEÍRÓ	TISZTA
TEHETSÉGES	FELELŐS
DRÁMAI	EGÉSZSÉGES
ELEGÁNS	SÓS
BÜSZKE	VAD
ERŐS	SZÁRAZ
ÉRDEKES	ÁLMOS

3 - Exploration

```
W H Y V V E S Z É L Y E K M
T Á L L A T O K I M C H I E
E A Z R D E Z V S V U W Z G
V K N Y E L V E M Z B L G H
É M J U L N C S E E J F A A
K V Y K L A O Z R T B E L T
E U L R Z N L É E E Á L O Á
N E L T Y O I L T R T F M R
Y T S T T G A Y L E O E U O
S Á B N Ú É F E E P R D T Z
É V H M K R R S N Ú S E A Á
G O U G B I Á X C J Á Z Z S
M L R B E K P K Y M G É Á R
K I M E R Ü L T S É G S S E
```

TEVÉKENYSÉG	KIMERÜLTSÉG
ÁLLATOK	ISMERETLEN
TANULNI	NYELV
BÁTORSÁG	TÁVOLI
KULTÚRÁK	ÚJ
VESZÉLYEK	VESZÉLYES
FELFEDEZÉS	VAD
MEGHATÁROZÁS	TEREP
TÉR	UTAZÁS
IZGALOM	

4 - Formes

```
H  O  K  J  Y  Y  I  P  O  L  I  G  O  N
X  R  B  K  Ö  R  R  G  G  D  X  P  L  É
H  I  P  E  R  B  O  L  A  X  U  W  D  G
E  A  I  R  T  É  G  L  A  L  A  P  A  Y
N  Y  R  E  L  L  I  P  S  Z  I  S  L  Z
G  S  A  K  R  M  H  O  T  L  V  M  N  E
E  Y  M  R  L  M  M  A  V  O  N  A  L  T
R  Z  I  R  S  H  P  S  H  Á  U  P  D  J
W  F  S  J  K  S  A  R  O  K  L  R  Z  M
É  S  S  R  O  Y  M  G  B  G  V  I  N  Z
G  L  H  S  C  K  Ú  P  C  W  Ö  Z  S  H
W  R  E  R  K  F  A  Í  L  M  K  M  X  L
C  Z  U  K  A  T  D  V  P  B  F  A  B  W
Y  Y  K  H  Á  R  O  M  S  Z  Ö  G  W  N
```

ÍV	HIPERBOLA
ÉLEK	VONAL
NÉGYZET	OVÁLIS
KÖR	POLIGON
SAROK	PRIZMA
KÚP	PIRAMIS
OLDAL	TÉGLALAP
KOCKA	KEREK
HENGER	GÖMB
ELLIPSZIS	HÁROMSZÖG

5 - Salle de Bains

```
W O M P G O V W N W C I O Z
Y U T Ö R Ü L K Ö Z Ő D I S
V F Ü R D Ő P L T Ü K Ö R Z
S A M P O N I A Ó J G P E I
Z Z T J J F T S R L Ő Z P V
A V O H B V Í Z K F Z G H A
P P V H V R E Ő R L Ü W I C
P V C X G D O N É R G M G S
A Y K S A X E Y M L A G R R
N B M W A U P E H K E T D H
U W F T S P C G X J F D X D
B U B O R É K O K R I L B J
M O S O G A T Ó G I V D T C
F L R N Z Z U H A N Y J L J
```

FÜRDŐ	PARFÜM
BUBORÉKOK	CSAP
OLLÓ	SZAPPAN
ZUHANY	TÖRÜLKÖZŐ
VÍZ	SAMPON
SZIVACS	SZŐNYEG
MOSOGATÓ	WC
KRÉM	GŐZ
TÜKÖR	

6 - Adjectifs #1

```
E  X  A  M  B  I  C  I  Ó  Z  U  S  E  H
Ő  G  T  Ö  K  É  L  E  T  E  S  F  X  K
S  J  Z  M  U  V  P  X  C  C  G  O  X  K
Z  A  R  O  M  Á  S  K  O  W  H  N  R  U
I  Z  O  D  T  E  V  N  F  V  R  T  N  Ó
N  T  K  E  T  I  K  T  U  É  V  O  U  R
T  R  L  R  F  J  K  T  B  K  O  S  M  I
E  U  F  N  E  V  B  U  F  O  N  A  Ű  Á
A  B  S  Z  O  L  Ú  T  S  N  Z  R  V  S
S  Z  É  P  N  A  L  O  L  Y  Ó  B  É  I
F  I  A  T  A  L  K  A  Z  O  N  O  S  B
N  E  H  É  Z  I  M  T  S  C  B  X  Z  F
Á  R  T  A  T  L  A  N  Í  S  R  X  I  M
N  A  G  Y  L  E  L  K  Ű  V  Ú  B  C  I
```

ABSZOLÚT	ŐSZINTE
AKTÍV	AZONOS
AMBICIÓZUS	FONTOS
AROMÁS	ÁRTATLAN
MŰVÉSZI	FIATAL
VONZÓ	LASSÚ
SZÉP	NEHÉZ
EGZOTIKUS	VÉKONY
ÓRIÁSI	MODERN
NAGYLELKŰ	TÖKÉLETES

7 - Instruments de Musique

```
K  G  U  A  R  T  T  H  Á  R  F  A  X  R
B  L  I  S  S  R  S  A  V  T  N  X  L  K
L  O  A  T  R  I  T  R  O  M  B  I  T  A
T  B  L  R  Á  I  Y  S  V  G  S  K  W  G
S  O  C  G  I  R  O  O  C  S  E  L  L  Ó
M  A  G  O  X  N  Z  N  D  E  A  Z  I  J
F  A  I  N  E  N  É  A  C  T  H  S  K  K
U  X  R  G  H  K  U  T  H  E  G  E  D  Ű
V  B  T  I  B  E  N  D  Z  S  Ó  B  O  U
O  H  Y  L  M  A  N  D  O  L  I  N  B  S
L  X  N  L  P  B  Z  O  N  G  O  R  A  J
A  S  P  U  E  H  A  R  M  O  N  I  K  A
H  A  R  A  N  G  J  Á  T  É  K  N  U  T
S  Z  A  X  O  F  O  N  F  A  G  O  T  T
```

BENDZSÓ	MANDOLIN
FAGOTT	MARIMBA
HARANGJÁTÉK	ZONGORA
KLARINÉT	SZAXOFON
FUVOLA	DOB
GONG	HARSONA
GITÁR	TROMBITA
HARMONIKA	HEGEDŰ
HÁRFA	CSELLÓ
OBOA	

8 - Échecs

```
O H F S D V S V S U M M F S
V R N A P V T V E H X P E Z
B A J N O K R D F R G E H A
E Z D B N I A E B V S X É B
L U J F T R T T N J G E R Á
L X Á R O Á É N V P Á P N L
E S T W K L G M T P M T M Y
N S É G M Y I Á T L Ó S É O
F E K E T E A U B K C I Z K
É G O K O S T A N U L N I R
L W S P A S S Z Í V I T I B
K I H Í V Á S O K I I D S R
T N K H K I R Á L Y N Ő Ő I
Á L D O Z A T T O R N A F T
```

ELLENFÉL
TANULNI
FEHÉR
BAJNOK
VERSENY
KIHÍVÁSOK
ÁTLÓS
OKOS
JÁTÉK
JÁTÉKOS

FEKETE
PASSZÍV
PONTOK
KIRÁLYNŐ
SZABÁLYOK
KIRÁLY
ÁLDOZAT
STRATÉGIA
IDŐ
TORNA

9 - Herboristerie

```
A É B A Z S A L I K O M R C
R V D K O W H P E H K P O I
O J L E V E N D U L A E Z P
M G E H S S D B K A K T M B
Á F T Á R K O N Y C U R A O
S I N K S Ö Ö K X J K E R B
B C V L Á L S M Z U K Z I E
J K J I F M E S É I F S N L
R O V X R N U Í Z N Ű E G Ő
F N K T Á Á H R U E Y L G N
Z Y E M N B G J A P T Y M Y
Ö H R D Y M E N T A R E S Ö
L A T M I N Ő S É G K M V S
D I X C F O K H A G Y M A Ő
```

FOKHAGYMA
AROMÁS
BAZSALIKOM
ELŐNYÖS
KONYHAI
TÁRKONY
ÉDESKÖMÉNY
VIRÁG
ÖSSZETEVŐ
KERT

LEVENDULA
MENTA
PETREZSELYEM
MINŐSÉG
ROZMARING
SÁFRÁNY
ÍZ
KAKUKKFŰ
ZÖLD

10 - Véhicules

```
L  I  N  K  N  T  K  Y  P  I  O  L  T  K
S  L  O  I  O  R  F  D  U  N  Y  O  R  A
G  U  M  I  K  M  G  M  G  Y  L  L  A  M
O  J  K  E  D  C  P  F  M  J  P  J  K  I
L  A  K  Ó  K  O  C  S  I  F  I  M  T  O
T  H  H  E  L  I  K  O  P  T  E  R  O  N
X  B  U  S  Z  O  V  Z  Y  A  E  E  R  R
H  V  G  T  C  J  U  O  V  X  F  P  F  O
K  E  R  É  K  P  Á  R  N  I  T  Ü  U  B
U  B  A  A  M  Z  H  O  H  A  U  L  R  O
H  A  K  V  F  E  E  O  R  V  T  Ő  G  G
E  O  É  F  O  J  T  I  C  J  A  G  O  Ó
I  H  T  H  A  J  Ó  R  K  C  J  É  N  B
T  Y  A  M  O  T  O  R  Ó  U  W  P  Y  F
```

REPÜLŐGÉP	MOTOR
HAJÓ	GUMIK
BUSZ	TUTAJ
KAMION	ROBOGÓ
LAKÓKOCSI	TAXI
KOMP	TRAKTOR
RAKÉTA	VONAT
HELIKOPTER	FURGON
METRÓ	KERÉKPÁR

11 - Camping

```
T F B A Z V I A Y P S Y S Z
A E E Y I P X P X B Z G W Y
T Ó R L F C W Z L L A P F S
Á N D M S J E R I A H H J T
L S Ő V É Z P I C J O K R D
L L E O T S E Z K A L A P F
A L Á M P A Z R A M D B Y Ü
T É R K É P F E E Z L I O G
O V A D Á S Z A T L H N J G
K K Ö T É L F J S E É O G Ő
E A X R R O V A R N F S S Á
N O K R T I R Á N Y T Ű K G
U P B Y U Ű B M K Y H E G Y
S Á T O R H Z K A L A N D N
```

ÁLLATOK	TŰZ
KALAND	ERDŐ
IRÁNYTŰ	FÜGGŐÁGY
KABIN	ROVAR
KENU	TÓ
TÉRKÉP	LÁMPA
KALAP	HOLD
VADÁSZAT	HEGY
KÖTÉL	TERMÉSZET
FELSZERELÉS	SÁTOR

12 - Conservation

```
F E N N T A R T H A T Ó N C
P F N W R M S X A R T H V S
E G É S Z S É G K S C V R Ö
S Z G S X Z O K T A T Á S K
Z Ö H M X E P E R F U L C K
T L A K Ö R N Y E Z E T I E
I D J F Y V S A L I F O K N
C É L Ő H E L Y U X P Z L T
I K A M W S L R J U B Á U É
D F T Ö N K É N T E S S S S
T E R M É S Z E T E S O V V
S Z E N N Y E Z É S X K J Í
Ú J R A H A S Z N O S Í T Z
Ö K O S Z I S Z T É M A C X
```

ÖNKÉNTES	ÉLŐHELY
VÁLTOZÁSOK	TERMÉSZETES
ÉGHAJLAT	SZERVES
CIKLUS	PESZTICID
FENNTARTHATÓ	SZENNYEZÉS
VÍZ	ÚJRAHASZNOSÍT
KÖRNYEZETI	CSÖKKENTÉS
ÖKOSZISZTÉMA	EGÉSZSÉG
OKTATÁS	ZÖLD

13 - Écologie

```
T E R M É S Z E T J Z T X D
U C B K N O P É L Ő H E L Y
H R D T Ö C I F M I G R A F
S G N Ú V Z F A J T A M S V
N V R L É T Ö J R C V É Z S
Ö N K É N T E S E K C S Á É
Z T M L Y F C M S A R Z L G
W E O É V M M O M É O E Y H
N N C S I F A U N A G T W A
B G S B L Z W K T L J E Y J
X E Á H Á H E G Y E K S K L
P R R F G N Ö V É N Y E K A
M I F O R R Á S O K U K Y T
F E N N T A R T H A T Ó H K
```

ÖNKÉNTESEK	TENGERI
ÉGHAJLAT	HEGYEK
KÖZÖSSÉGEK	TERMÉSZET
FENNTARTHATÓ	TERMÉSZETES
FAJ	NÖVÉNYEK
FAUNA	FORRÁSOK
NÖVÉNYVILÁG	ASZÁLY
ÉLŐHELY	TÚLÉLÉS
MOCSÁR	FAJTA

14 - Astronomie

```
S U G Á R Z Á S E P T M B C
Z K M W P I V B P Z Á E O S
U Ö Ű N Á L L A T Ö V T L I
P D H F F I R H E I C E Y L
E F O Ű R H A J Ó S S O G L
R O L H H M Z S V B Ő R Ó A
N L D K O Z M O S Z S I V G
Ó T M G A L A X I S É G O K
V G E F Ö L D R A K É T A É
A L F O G Y A T K O Z Á S P
A S Z T E R O I D A I A J Z
U N I V E R Z U M P L C V E
I D X M T M M J T J K V E M
C S I L L A G Á S Z H X C O
```

ASZTEROIDA   METEOR
ŰRHAJÓS   KÖDFOLT
CSILLAGÁSZ   BOLYGÓ
ÉG   SUGÁRZÁS
CSILLAGKÉP   MŰHOLD
KOZMOSZ   SZUPERNÓVA
FOGYATKOZÁS   FÖLD
RAKÉTA   TÁVCSŐ
GALAXIS   UNIVERZUM
HOLD   ÁLLATÖV

15 - Types de Cheveux

```
F  S  W  R  D  V  É  K  O  N  Y  P  H  K
O  N  Z  Y  I  B  A  R  N  A  R  T  U  O
N  A  O  Ü  H  H  O  S  S  Z  Ú  H  L  P
O  A  B  S  R  Z  L  S  T  O  S  I  L  A
T  R  S  Z  W  K  X  W  U  A  S  S  Á  S
T  P  P  Í  Y  B  E  P  A  F  G  Z  M  Z
R  H  T  N  F  É  N  Y  E  S  Ö  Ő  O  I
F  E  K  E  T  E  W  S  E  X  N  K  S  S
E  G  É  S  Z  S  É  G  E  S  D  E  Z  P
U  E  Z  P  F  Ü  R  T  Ö  K  Ö  F  G  I
S  Z  Á  R  A  Z  S  V  Z  O  R  E  A  Y
R  Ö  V  I  D  B  I  T  N  P  U  H  A  M
K  E  H  S  X  S  V  H  M  U  H  É  B  D
T  P  A  T  R  Z  V  B  J  T  V  R  D  J
```

EZÜST	GÖNDÖR
FEHÉR	SZÜRKE
SZŐKE	HOSSZÚ
FÜRTÖK	BARNA
FÉNYES	VÉKONY
KOPASZ	FEKETE
SZÍNES	HULLÁMOS
RÖVID	EGÉSZSÉGES
PUHA	SZÁRAZ
VASTAG	FONOTT

16 - Restaurant #1

```
B  B  K  B  F  O  R  D  K  É  S  B  K  P
E  V  P  B  O  F  M  X  Á  S  G  W  E  É
L  T  T  R  G  L  Ű  A  V  L  K  F  N  N
T  H  Ú  S  L  Z  S  S  É  F  D  C  Y  Z
S  Á  X  F  A  H  N  Z  Z  D  J  I  É  T
Z  Z  L  R  L  T  L  Ó  M  E  N  Ü  R  Á
J  U  A  D  Á  Á  A  S  N  S  R  J  T  R
V  G  C  L  S  N  G  Z  R  S  A  E  O  O
R  C  S  N  V  Y  G  A  L  Z  F  U  S  S
A  P  I  N  C  É  R  N  Ő  E  W  G  Z  R
X  O  R  O  C  R  T  U  I  R  N  P  G  C
F  W  K  O  N  Y  H  A  R  T  R  F  R  X
É  L  E  L  M  I  S  Z  E  R  C  G  V  Y
Ö  S  S  Z  E  T  E  V  Ő  K  I  E  T  P
```

TÁNYÉR	MENÜ
TÁL	ÉLELMISZER
KÁVÉ	KENYÉR
PÉNZTÁROS	CSIRKE
KÉS	FOGLALÁS
KONYHA	SZÓSZ
DESSZERT	PINCÉRNŐ
FŰSZERES	SZALVÉTA
ÖSSZETEVŐK	HÚS

17 - Mammifères

```
G  G  J  W  B  M  U  F  P  G  M  F  R  D
O  G  T  J  G  D  E  L  F  I  N  C  Ó  R
R  I  I  V  U  L  R  D  U  B  B  X  K  K
I  X  G  B  Á  L  N  A  V  Z  P  I  A  Z
L  O  R  O  S  Z  L  Á  N  E  R  Z  K  N
L  E  I  O  Y  T  M  H  M  B  É  S  U  A
A  V  S  O  F  C  U  V  A  R  R  I  T  B
F  M  A  C  S  K  A  E  J  A  I  R  Y  F
W  A  S  M  L  H  B  O  O  I  F  Á  A  R
R  P  R  F  P  F  T  J  M  L  A  F  W  G
N  N  S  K  E  N  G  U  R  U  R  C  H  O
W  Y  L  V  A  Y  F  H  H  F  K  N  D  B
I  Ú  Ó  E  F  S  J  B  S  X  A  P  G  M
E  L  E  F  Á  N  T  D  C  X  S  O  O  F
```

BÁLNA	NYÚL
MACSKA	OROSZLÁN
LÓ	FARKAS
KUTYA	JUH
PRÉRIFARKAS	MEDVE
DELFIN	RÓKA
ELEFÁNT	MAJOM
ZSIRÁF	BIKA
GORILLA	TIGRIS
KENGURU	ZEBRA

18 - Sports

```
P  C  M  Ú  C  C  B  U  X  X  T  E  T  S
W  B  X  S  E  S  S  A  T  L  É  T  A  T
G  Y  Ő  Z  T  E  S  A  S  G  O  L  F  A
E  V  X  N  E  D  X  E  P  E  T  I  A  D
K  S  I  I  N  Z  J  Z  R  A  B  Z  L  I
T  O  L  C  I  Ő  Á  K  A  M  T  A  K  O
O  K  S  J  S  W  T  H  O  K  I  N  L  N
R  E  X  Á  Z  G  É  U  M  L  U  Y  P  L
N  R  R  T  R  H  K  M  O  Z  G  Á  S  V
A  É  R  É  H  L  O  A  S  W  O  X  V  E
K  K  P  K  R  B  A  J  N  O  K  S  Á  G
I  P  P  O  I  R  F  B  G  H  U  G  U  K
H  Á  T  S  O  M  A  S  D  U  W  X  M  E
T  R  X  E  F  Z  C  N  U  A  V  B  X  I
```

ATLÉTA	HOKI
BASEBALL	JÁTÉK
KOSÁRLABDA	JÁTÉKOS
BAJNOKSÁG	MOZGÁS
EDZŐ	ÚSZNI
CSAPAT	STADION
GYŐZTES	TENISZ
GOLF	KERÉKPÁR
TORNA	

19 - Chocolat

```
O R Z D M S B P G E P V K E
L E A J I A Ó F I N O M E G
E C P A N N X V K I R E D Z
I E F L Ő T O M Á F Z L V O
C P R J S I W K Z R C P E T
U T Í Z É O K A E M G R N I
K T C X G X A R F S C Á C K
O A U D S I L A É D E S S U
R R K X Z D Ó M P A L R V S
K O O A K Á R E R G W V Ű D
A M R K Ó N I L M O W Y U S
O A B P K S A L V U M J U R
T S B G K Ó K U S Z D I Ó N
X K M Ö S S Z E T E V Ő F N
```

KESERŰ	EGZOTIKUS
ANTIOXIDÁNS	KEDVENC
AROMA	ÍZ
CUKORKA	ÖSSZETEVŐ
KAKAÓ	KÓKUSZDIÓ
KALÓRIA	POR
KARAMELL	MINŐSÉG
FINOM	RECEPT
ÉDES	CUKOR
SÓVÁRGÁS	

20 - Mathématiques

```
T É G L A L A P K W R T G G
G Ö M B J G D K V I D Ö W W
C T D Z K E R Ü L E T R U F
P V F B E O O P D J B E O A
Ö K F A N M Á Á S J E D V W
S Z I M M E T R I A S É S Ő
S U K P Y T M H P E Z K N O
Z U G W M R É U S Z Á M O K
E K L Á T I R Z B B M X H F
G U J Z R A Ő A C F T T L X
N É G Y Z E T M X R A B M M
P O L I G O N O O C N H J T
T I Z E D E S S Z Ö G E K F
E G Y E N L E T A O F T F J
```

SZÖGEK	SZÁMOK
SZÁMTAN	PÁRHUZAMOS
NÉGYZET	KERÜLET
TIZEDES	POLIGON
ÁTMÉRŐ	SUGÁR
KITEVŐ	TÉGLALAP
EGYENLET	ÖSSZEG
TÖREDÉK	GÖMB
GEOMETRIA	SZIMMETRIA

21 - Mythologie

```
T  T  H  I  E  D  E  L  M  E  K  K  K  H
E  E  M  Ő  D  C  U  H  Y  C  Z  A  K  A
C  R  Á  K  S  X  H  A  R  R  E  T  K  R
O  E  G  U  G  N  O  L  L  T  U  A  M  C
I  M  I  L  D  J  Ő  A  K  V  X  S  E  O
L  T  K  T  A  P  F  N  U  Z  H  Z  N  S
E  É  U  Ú  E  B  Z  D  L  A  O  T  N  Z
G  S  S  R  K  F  I  Ó  A  Y  I  R  Y  Ö
E  U  B  A  D  L  E  R  Ő  A  R  Ó  D  R
N  V  I  L  L  Á  M  N  I  K  G  F  Ö  N
D  T  E  R  E  M  T  M  É  N  Y  A  R  Y
A  R  C  H  E  T  Í  P  U  S  T  P  G  H
B  O  S  S  Z  Ú  X  W  Y  L  T  U  É  Ő
U  D  V  V  I  S  E  L  K  E  D  É  S  S
```

ARCHETÍPUS	HŐSNŐ
KATASZTRÓFA	HŐS
VISELKEDÉS	LABIRINTUS
TEREMTÉS	LEGENDA
TEREMTMÉNY	MÁGIKUS
HIEDELMEK	SZÖRNY
KULTÚRA	HALANDÓ
VILLÁM	MENNYDÖRGÉS
ERŐ	BOSSZÚ
HARCOS	

22 - Restaurant #2

```
P  E  S  U  V  F  P  H  X  E  K  T  T  G
B  M  U  K  I  J  Ű  I  T  B  A  G  É  Y
N  V  Í  Z  L  R  M  S  Z  É  N  L  S  Ü
I  T  A  L  L  A  L  N  Z  D  Á  P  Z  M
Z  V  H  C  A  F  T  A  X  E  L  Y  T  Ö
Ö  L  R  U  S  T  O  J  Á  S  R  V  A  L
L  E  S  K  H  O  B  É  I  F  S  E  U  C
D  V  P  P  A  R  R  G  I  P  Y  Ó  K  S
S  E  E  P  L  T  H  A  F  I  N  O  M  A
É  S  Z  É  K  A  J  H  J  N  Z  M  I  L
G  O  F  P  V  A  G  T  V  C  T  G  I  Á
E  J  J  D  M  D  N  M  E  É  R  L  S  T
K  K  Y  W  G  O  W  K  P  R  B  P  F  A
T  K  Y  F  E  G  K  B  D  P  V  T  A  P
```

ITAL	TORTA
SZÉK	JÉG
KANÁL	ZÖLDSÉGEK
EBÉD	TÉSZTA
FINOM	TOJÁS
VACSORA	HAL
VÍZ	SALÁTA
FŰSZEREK	SÓ
VILLA	PINCÉR
GYÜMÖLCS	LEVES

23 - Couleurs

```
B O H J X Z L Z U G S E I X
A Í L R Z Z J K O S I P N T
R V B O A A W C I Á C C D O
N M T O L I S Z Ü R K E I H
A W H J R Y B I S G T Y G Y
L I L A Ó V Z A Y A M X Ó R
K F W X Z O Ö N A R A N C S
A É X I S T L R F E H É R Z
B L K W A A D J Ö J G C L É
D É V U S C I Á N S J A E P
N C Z C Z F U K S Z I A F I
J G S S Í F E K E T E A P A
E L V U N P I R O S M E X X
L C H T Y M J C J H C J K I
```

BÉZS   BARNA
FEHÉR   FEKETE
KÉK   NARANCS
CIÁN   RÓZSASZÍN
FUKSZIA   PIROS
SZÜRKE   SZÉPIA
INDIGÓ   ZÖLD
SÁRGA   LILA
BÍBORVÖRÖS

24 - Avions

```
R U É P Í T É S Z C U L S Ü
S G G K R W P I L Ó T A Z Z
K N U E F O W R W V A R Á E
D A V I B H P W P N S Y R M
F E L F Ú J I E P I L G M A
F Z U A M T I D L I E L A N
R U K D N B I Z R L V Z Z Y
M S L S U D R N B O E I Á A
M A G A S S Á G A L G R S G
O G E H B H N X L É Ő É E N
T P I F F F Y V L G H W N K
O J B Z E G L Z O K H G C S
R R T U C V Z K N Ö I Y F O
L E G É N Y S É G R Y D A A
```

LEVEGŐ
LÉGKÖR
KALAND
BALLON
ÜZEMANYAG
ÉG
ÉPÍTÉS
SZÁRMAZÁS
IRÁNY

LEGÉNYSÉG
FELFÚJ
MAGASSÁG
PROPELLEREK
HIDROGÉN
MOTOR
UTAS
PILÓTA

25 - Aventure

```
L  K  W  T  V  Ö  R  Ö  M  N  V  O  K  A
E  E  I  V  W  T  Z  R  E  E  S  É  L  Y
L  W  H  H  E  R  D  P  G  H  H  Y  U  N
Ő  G  V  E  Í  U  T  X  L  É  S  J  J  A
K  M  E  U  T  V  M  P  E  Z  Z  B  S  V
É  T  S  T  N  Ő  Á  S  P  S  É  Á  C  I
S  E  Z  A  O  D  S  S  Ő  É  P  T  O  G
Z  R  É  Z  B  Ú  J  É  O  G  S  O  D  Á
Í  M  L  Á  E  I  T  B  G  K  É  R  T  C
T  É  Y  S  V  U  R  V  R  H  G  S  N  I
É  S  E  O  B  I  Z  T  O  N  S  Á  G  Ó
S  Z  S  K  U  O  M  H  I  N  I  G  G  E
L  E  L  K  E  S  E  D  É  S  A  W  N  P
E  T  D  K  O  S  Z  O  K  A  T  L  A  N
```

SZÉPSÉG	ÖRÖM
BÁTORSÁG	TERMÉSZET
ESÉLY	NAVIGÁCIÓ
VESZÉLYES	ÚJ
KIHÍVÁSOK	LEHETŐSÉG
NEHÉZSÉG	ELŐKÉSZÍTÉS
LELKESEDÉS	BIZTONSÁG
SZOKATLAN	MEGLEPŐ
ÚTVONAL	UTAZÁSOK

26 - Ville

```
C  J  R  E  W  M  G  L  H  S  J  V  T  S
S  M  G  S  C  A  Ú  E  A  A  S  I  B  Z
Z  T  R  J  I  F  H  Z  N  S  K  R  A  U
Í  B  A  N  K  N  F  E  E  J  Y  Á  K  P
N  G  G  D  X  G  A  G  S  U  I  G  L  E
H  É  A  P  I  A  C  Y  Z  X  M  Á  I  R
Á  T  L  N  S  O  C  E  Á  U  B  R  N  M
Z  T  É  Y  K  Y  N  T  L  N  G  U  I  A
N  E  R  I  O  C  T  E  L  O  P  S  K  R
K  R  I  K  L  W  E  M  O  Y  P  V  A  K
P  E  A  R  A  D  Z  K  D  M  O  Z  I  E
L  M  P  É  K  S  É  G  A  V  W  L  Y  T
K  Ö  N  Y  V  E  S  B  O  L  T  Z  E  Z
E  K  Ö  N  Y  V  T  Á  R  Y  Z  F  N  H
```

BANK	KÖNYVESBOLT
KÖNYVTÁR	PIAC
PÉKSÉG	MÚZEUM
MOZI	ÉTTEREM
KLINIKA	STADION
ISKOLA	SZUPERMARKET
VIRÁGÁRUS	SZÍNHÁZ
GALÉRIA	EGYETEM
SZÁLLODA	

27 - Cuisine

```
V V W P P K K M G K F M M Z
W Í T Y O O Ö K R A Ű É E L
M A Z V W R T A V N S L R Y
N O X F I S É N N A Z Y Ő V
K X P P O Ó N C U L E H K T
I É Z F P R Y S R A R Ű A G
J D S F Y R R Ó Z K E T N R
H T C E N H L A N I K Ő Á I
S Ü T Ő K Z G R L S V X L L
R E C E P T K L T Ó K A C L
É L E L M I S Z E R Y G C P
T H Ű T Ő S Z E K R É N Y S
Á S Z A L V É T A X K E W B
L N C S F D V I L L A G V U
```

TÁL	VILLA
VÍZFORRALÓ	GRILL
MÉLYHŰTŐ	MERŐKANÁL
KÉSEK	ÉLELMISZER
KANCSÓ	KORSÓ
KANALAK	RECEPT
FŰSZEREK	HŰTŐSZEKRÉNY
SZIVACS	SZALVÉTA
SÜTŐ	KÖTÉNY

28 - Corps Humain

```
S  T  E  Y  U  N  O  R  R  F  E  B  P  S
T  V  X  B  O  K  A  G  J  Ü  L  U  F  Y
N  B  M  G  P  V  Y  X  A  L  H  B  O  S
S  A  G  X  J  M  I  M  S  Y  A  V  K  I
V  Z  E  B  M  M  O  A  R  C  M  M  N  D
T  K  Á  X  O  Á  L  L  K  A  P  O  C  S
É  Ö  L  J  K  É  Z  L  V  F  G  N  J  Z
R  N  L  A  Y  Z  N  B  Z  E  Y  Y  Z  Í
D  Y  U  J  J  D  C  L  Ő  J  O  A  M  V
T  Ö  G  K  A  A  X  W  M  R  M  K  S  É
K  K  W  A  T  K  V  N  S  V  O  I  U  R
M  A  T  K  W  L  G  H  E  L  R  G  Z  H
L  A  P  A  M  T  Y  B  P  Y  R  L  C  J
V  C  V  Á  L  L  V  P  X  R  V  F  S  N
```

SZÁJ	AJKAK
AGY	KÉZ
BOKA	ÁLLKAPOCS
NYAK	ÁLL
KÖNYÖK	ORR
SZÍV	FÜL
UJJ	BŐR
GYOMOR	VÉR
VÁLL	FEJ
TÉRD	ARC

29 - Épices

```
F O K H A G Y M A X G Y P N
K T H V B O R S A V A N Y Ú
E P M É D E S K Ö M É N Y C
S É A U M D S P U E P C K U
E D R P C C G Y Ö M B É R
R E K O R I A N D E R F K R
Ű S Ö V S I N O C Í Z A A Y
E G M A H Á K S J S R H R D
L Y É N A N F A O Z S É D V
U Ö N Í G I H R O X R J A D
Y K Y L Y Z D S Á T F T M N
O É O I M S C Ó X N U N O M
O R E A A H C W P I Y V M R
S Z E R E C S E N D I Ó C K
```

SAVANYÚ	GYÖMBÉR
FOKHAGYMA	SZERECSENDIÓ
KESERŰ	HAGYMA
ÁNIZS	PAPRIKA
FAHÉJ	BORS
KARDAMOM	ÉDESGYÖKÉR
KORIANDER	SÁFRÁNY
KÖMÉNY	ÍZ
CURRY	SÓ
ÉDESKÖMÉNY	VANÍLIA

30 - Science

```
M E G F I G Y E L É S T R M
F O S S Z I L I S G U U É O
E A T H B M P S V L L D S L
V G R A V I T Á C I Ó Ó Z E
O P B S D T U V D K V S E K
L A B O R A T Ó R I U M C U
Ú T H I P O T É Z I S A S L
C O K Í S É R L E T W T K Á
I M Ó D S Z E R O N A F É K
Ó É G H A J L A T I O I K É
X H S Z E R V E Z E T Z E M
T E R M É S Z E T I É I R I
H N Ö V É N Y E K T N K E A
T M V S V L W H O Y Y A W I
```

ATOM
KÉMIAI
ÉGHAJLAT
ADAT
KÍSÉRLET
EVOLÚCIÓ
TÉNY
FOSSZILIS
GRAVITÁCIÓ
HIPOTÉZIS

LABORATÓRIUM
MÓDSZER
MOLEKULÁK
TERMÉSZET
MEGFIGYELÉS
SZERVEZET
RÉSZECSKÉK
FIZIKA
NÖVÉNYEK
TUDÓS

31 - Chats

```
I  E  S  L  V  A  D  Á  S  Z  O  I  B  C
A  K  R  M  I  X  L  J  N  U  N  I  X  Z
E  G  É  R  M  A  N  C  S  R  T  Y  K  M
S  Z  E  M  É  L  Y  I  S  É  G  V  A  D
K  J  G  B  A  V  F  O  N  A  L  I  K  D
D  Í  K  D  J  Á  T  É  K  O  S  C  A  Y
L  F  V  I  K  S  F  A  R  O  K  C  R  H
E  L  X  Á  S  P  P  S  P  Ő  V  E  O  I
F  É  L  É  N  K  T  G  Y  O  R  S  M  W
Z  M  Y  V  F  C  F  C  Y  R  C  Ü  E  K
S  L  H  J  Z  H  S  J  W  B  E  S  L  K
S  Z  Ő  R  M  E  D  I  W  N  E  O  B  T
E  X  L  M  G  F  Ü  G  G  E  T  L  E  N
N  Z  L  X  M  V  L  J  T  T  Z  L  J  D
```

VADÁSZ	FÜGGETLEN
KÍVÁNCSI	MANCS
ALVÁS	SZEMÉLYISÉG
VICCES	KIS
JÁTÉKOS	FAROK
FONAL	GYORS
ŐRÜLT	VAD
SZŐRME	EGÉR
KAROM	FÉLÉNK

32 - Vêtements

```
K  A  R  K  Ö  T  Ő  P  U  L  Ó  V  E  R
Ö  P  U  A  X  K  C  I  P  Ő  P  J  V  P
T  G  H  L  R  I  O  Z  F  K  Z  F  J  L
É  D  A  A  T  Y  F  S  M  A  A  K  M  Z
N  A  G  P  D  F  S  A  T  B  R  L  W  G
Y  C  G  F  F  Z  U  M  P  Á  X  M  K  G
S  Á  L  S  C  D  S  A  S  T  F  K  E  W
Y  K  P  O  Z  N  H  E  X  F  H  E  I  R
S  H  H  U  P  A  S  K  K  G  D  S  I  I
X  Z  B  D  U  D  N  L  G  I  O  Z  E  U
P  E  J  Z  B  R  E  D  I  V  A  T  J  F
N  Y  A  K  L  Á  N  C  Á  S  T  Y  Ö  V
E  I  N  G  Ú  G  I  W  U  L  H  Ű  S  G
R  C  F  S  Z  O  K  N  Y  A  K  G  W  F
```

KARKÖTŐ	SZOKNYA
ÖV	KABÁT
KALAP	DIVAT
CIPŐ	NADRÁG
ING	PULÓVER
BLÚZ	PIZSAMA
NYAKLÁNC	RUHA
SÁL	SZANDÁL
KESZTYŰ	KÖTÉNY
FARMER	DZSEKI

33 - Arts Visuels

```
F E S T M É N Y V J M Y P K
E A R É P Í T É S Z E T E R
S G Z M Ű V É S Z E S K R E
T Y C E R U Z A O F T R S A
Ő A A G K H V C B I E É P T
Á G N H E A B C O L R T E I
L A K K R Z S T R M M A K V
L Z W Y Á C R S T T Ű T T I
V G V T M L M K Á K K L Í T
Á A Y V I A S Z A G I L V Á
N Y P V A S T E N C I L A S
Y Ö S S Z E T É T E L Y D L
B Z P O R T R É H N T O L L
H Y Z J H O F E L Y N W A L
```

ÉPÍTÉSZET
AGYAG
MŰVÉSZ
KERÁMIA
MESTERMŰ
FESTŐÁLLVÁNY
VIASZ
ÖSSZETÉTEL
KRÉTA
CERUZA

KREATIVITÁS
FILM
FESTMÉNY
PERSPEKTÍVA
STENCIL
PORTRÉ
FAZEKASSÁG
SZOBOR
TOLL
LAKK

34 - Méditation

```
D E X T E R M É S Z E T P N
F I G Y E L E M Z E G M E Y
N Y X A Z S T U O N Y E R U
W V K I P L J T K E Ü G S G
M T I K M M W N Á C T F P O
B O R L É G Z É S S T I E D
M J Z H Á L A F O E É G K T
E Y H G X G O V K N R Y T Z
N W F J Á B O X F D Z E Í A
T Y L I R S C S É B É L V B
Á G U W K F O B S B S É A É
L É R Z E L M E K Á R S B K
I I K E D V E S S É G E E E
S E L F O G A D Á S D P N D
```

ELFOGADÁS
FIGYELEM
NYUGODT
VILÁGOSSÁG
EGYÜTTÉRZÉS
ÉRZELMEK
ÉBREN
KEDVESSÉG
HÁLA
SZOKÁSOK

MENTÁLIS
MOZGÁS
ZENE
TERMÉSZET
MEGFIGYELÉS
BÉKE
PERSPEKTÍVA
LÉGZÉS
CSEND

35 - Littérature

```
G X É L E T R A J Z V X V U
S M E X R D Í I P D E P É S
R Z L V I Y M Z T É M A L F
E M E T A F O R A M G W E H
G R M R E Y J L F Z U D M I
É R Z A Z E K H Z I I S É A
N D É K G Ő Y J Z I K N N N
Y S S N A R R Á T O R C Y A
A N E K D O T A V E R S I L
K Ö V E T K E Z T E T É S Ó
K Ö L T Ő I S T Í L U S S G
P Á R B E S Z É D T T P H I
X L E Í R Á S F Z W J R E A
T R A G É D I A J N J P L M
```

ANALÓGIA	NARRÁTOR
ELEMZÉS	VÉLEMÉNY
ANEKDOTA	VERS
SZERZŐ	KÖLTŐI
ÉLETRAJZ	RÍM
KÖVETKEZTETÉS	REGÉNY
LEÍRÁS	RITMUS
PÁRBESZÉD	STÍLUS
FIKCIÓ	TÉMA
METAFORA	TRAGÉDIA

36 - Nourriture #1

```
F  S  Á  U  S  P  F  F  C  G  R  O  W  A
O  Á  I  R  Z  P  E  A  G  I  H  U  N  K
K  R  K  S  P  H  H  H  Ú  S  T  Z  Y  X
H  G  Ö  S  Ó  A  É  É  V  V  I  R  A  U
A  A  R  T  C  G  R  J  S  P  X  I  O  S
G  R  T  G  U  Y  R  U  O  B  E  B  E  M
Y  É  E  T  K  M  É  O  A  S  T  E  J  W
M  P  S  R  O  A  P  J  J  B  U  G  B  S
A  A  X  F  R  N  A  V  G  B  B  U  I  R
S  P  E  N  Ó  T  H  K  Á  V  É  R  H  C
W  G  P  V  I  U  S  A  L  Á  T  A  V  V
G  Y  E  D  J  J  V  F  L  E  V  E  S  W
B  N  R  G  Y  Ü  M  Ö  L  C  S  L  É  N
P  V  B  A  Z  S  A  L  I  K  O  M  V  K
```

FOKHAGYMA	FEHÉRRÉPA
BAZSALIKOM	HAGYMA
KÁVÉ	ÁRPA
FAHÉJ	KÖRTE
SÁRGARÉPA	SALÁTA
CITROM	SÓ
SPENÓT	LEVES
EPER	CUKOR
GYÜMÖLCSLÉ	TONHAL
TEJ	HÚS

37 - Jours et Mois

```
Á  Z  C  H  O  O  I  X  J  N  C  E  T  L
P  L  S  D  É  K  W  E  V  A  L  K  E  S
R  T  Ü  K  Z  T  H  Y  A  P  N  S  F  Y
I  Y  T  D  I  Ó  F  U  S  T  O  U  M  G
L  S  Ö  P  J  B  H  Ő  Á  Á  V  H  Á  U
I  Z  R  K  F  E  G  E  R  R  E  R  R  R
S  E  T  C  E  R  C  K  N  X  M  S  C  S
H  R  Ö  T  B  D  T  P  A  L  B  Z  I  J
É  D  K  N  R  T  D  L  P  S  E  O  U  Ú
T  A  U  G  U  S  Z  T  U  S  R  M  S  N
V  J  H  O  Á  P  É  N  T  E  K  B  A  I
G  F  Y  O  R  B  L  V  M  S  E  A  M  U
H  Ó  N  A  P  J  Ú  L  I  U  S  T  I  S
S  Z  E  P  T  E  M  B  E  R  D  B  T  D
```

AUGUSZTUS	KEDD
ÁPRILIS	MÁRCIUS
NAPTÁR	SZERDA
VASÁRNAP	HÓNAP
FEBRUÁR	NOVEMBER
JANUÁR	OKTÓBER
CSÜTÖRTÖK	SZOMBAT
JÚLIUS	HÉT
JÚNIUS	SZEPTEMBER
HÉTFŐ	PÉNTEK

38 - Championnat

```
K  D  K  N  C  R  O  Y  D  H  K  V  B  J
I  R  I  B  K  K  X  B  Y  C  L  I  Í  Á
M  O  T  I  V  Á  C  I  Ó  S  P  O  R  T
S  B  A  J  N  O  K  P  Y  A  I  G  Ó  É
M  A  R  L  S  Z  U  N  W  P  Z  Y  E  K
D  J  T  J  É  T  K  R  X  A  Z  Ő  E  O
B  N  Á  E  R  L  R  C  S  T  A  Z  Y  K
R  O  S  I  E  R  E  A  O  R  D  E  A  M
B  K  C  R  M  V  D  G  T  M  Á  L  I  F
F  S  I  X  Y  U  Z  F  E  É  S  E  E  B
Z  Á  M  I  S  W  Ő  U  E  Z  G  M  M  U
S  G  T  O  R  N  A  W  I  W  N  I  B  U
R  L  I  G  A  D  Ö  N  T  Ő  S  I  A  F
T  E  L  J  E  S  Í  T  M  É  N  Y  E  C
```

BAJNOK	ÉREM
BAJNOKSÁG	MOTIVÁCIÓ
KITARTÁS	TELJESÍTMÉNY
EDZŐ	LÉLEGEZNI
CSAPAT	SPORT
DÖNTŐS	STRATÉGIA
JÁTÉKOK	TORNA
BÍRÓ	IZZADÁS
LIGA	GYŐZELEM

39 - Pirates

```
K  L  E  G  É  N  Y  S  É  G  F  R  A  O
B  V  E  S  Z  É  L  Y  V  W  I  N  R  P
S  P  H  G  K  G  V  Ó  C  E  Á  N  A  A
K  Z  Y  F  E  B  T  C  B  U  E  Z  N  P
I  S  I  J  R  N  H  F  B  U  N  D  Y  A
N  L  Y  G  H  E  D  K  A  L  A  N  D  G
C  K  S  D  E  B  B  A  R  L  A  N  G  Á
S  A  U  M  G  T  H  R  O  U  X  L  W  J
M  P  C  Z  B  É  O  D  S  G  M  G  N  Z
M  I  É  C  Z  R  R  M  S  G  V  G  N  Á
T  T  R  M  R  K  G  V  Z  C  S  N  F  S
A  Á  M  V  T  É  O  S  T  R  A  N  D  Z
X  N  É  V  W  P  N  K  S  U  Y  V  N  L
L  Y  K  N  H  G  Y  C  L  C  H  Y  G  Ó
```

HORGONY	SZIGET
KALAND	LEGENDA
KAPITÁNY	ROSSZ
TÉRKÉP	ÓCEÁN
HEG	ARANY
VESZÉLY	PAPAGÁJ
ZÁSZLÓ	ÉRMÉK
KARD	STRAND
LEGÉNYSÉG	RUM
BARLANG	KINCS

40 - Activités

```
J X P N K C Y H V P B K T Z
G C P F X S Z A B A D I D Ő
Z A H W P M K L C G S P K J
O L V A S Á S Á A P A E E N
V J J T C G S S V C K D M T
A J Á Y U I A Z H O K G P M
D F T T A L A N R E K I Ű
Á O É C Ú Ö Y T C B R É N V
S M K F P R V A R R Á S G É
Z U O I L Ö Á X M C M Z C S
A B K H F M X Z P B I S W Z
T É R D E K E K Á L A É U E
F E S T M É N Y L S B G H T
K É Z M Ű V E S S É G L I H
```

MŰVÉSZET
KÉZMŰVESSÉG
KEMPING
KERÁMIA
VADÁSZAT
KÉSZSÉG
VARRÁS
ÉRDEKEK

JÁTÉKOK
OLVASÁS
SZABADIDŐ
MÁGIA
FESTMÉNY
HALÁSZAT
ÖRÖM
TÚRÁZÁS

41 - Fleurs

```
L N H I E D J T U L I P Á N
E A A G W R K Á K L J A D S
V P L Ó H E R E Z H L P P Z
E R V L I L I O M M A D F Á
N A Á N B N M S K G I I H Z
D F N Á I W P I X H K N C S
U O Y R S P I T Y P A N G Z
L R L C Z C P W X U R W A O
A G I I K D S R Ó Z S A R R
C Ó L S U V W O R M K T D S
X F A Z S R K R K A Á F É Z
C Y K S Z I R O M O X K N É
M A G N Ó L I A A F R P I P
G O L G O T A V I R Á G A R
```

CSOKOR	SZÁZSZORSZÉP
GARDÉNIA	GOLGOTAVIRÁG
HIBISZKUSZ	MÁK
JÁZMIN	SZIROM
NÁRCISZ	PITYPANG
LEVENDULA	RÓZSA
HALVÁNYLILA	NAPRAFORGÓ
LILIOM	LÓHERE
MAGNÓLIA	TULIPÁN

42 - Nourriture #2

```
P  V  T  E  B  R  O  K  K  O  L  I  M  O
Z  W  F  H  P  A  D  L  I  Z  S  Á  N  I
R  T  R  Z  A  L  M  A  M  V  K  V  N  C
C  S  O  K  O  L  Á  D  É  A  I  B  D  M
A  G  B  T  O  J  Á  S  C  X  N  D  G  V
X  O  Ú  S  O  N  K  A  S  N  I  G  S  T
C  M  Z  S  Ő  L  Ő  E  X  B  G  Ó  U
S  B  A  N  Á  N  G  O  R  I  Z  S  Z  K
I  A  Y  N  Z  E  L  L  E  R  H  N  B  K
R  V  L  K  D  O  Z  L  S  D  A  U  N  E
K  C  D  U  E  U  C  E  Z  G  L  E  H  N
E  C  D  I  P  P  L  Z  N  Y  K  L  B  Y
M  L  I  H  C  A  I  A  Y  S  L  Z  C  É
S  I  Z  V  R  K  U  S  E  M  Y  R  A  R
```

MANDULA	KIVI
PADLIZSÁN	MANGÓ
BANÁN	TOJÁS
BÚZA	KENYÉR
BROKKOLI	HAL
CSERESZNYE	ALMA
ZELLER	CSIRKE
GOMBA	SZŐLŐ
CSOKOLÁDÉ	RIZS
SONKA	

43 - Océan

```
X  Z  U  F  M  X  D  F  L  T  W  T  S  B
M  C  O  P  A  P  E  W  G  C  W  E  Z  N
Z  Á  T  O  N  Y  L  M  Y  V  R  K  I  Y
W  O  N  Y  G  F  F  D  M  I  L  N  V  W
R  J  G  Z  O  D  I  O  E  H  P  Ő  A  Y
K  W  N  A  L  C  N  G  D  A  A  S  C  R
O  H  T  O  N  H  A  L  Ú  R  L  L  S  T
L  Í  V  S  A  J  O  S  Z  T  R  I  G  A
C  N  L  C  Ó  M  R  H  A  M  Y  J  K  R
B  Á  L  N  A  K  H  U  L  L  Á  M  O  K
Y  R  P  O  L  I  P  K  M  K  T  E  R  B
N  Z  G  A  R  N  É  L  A  R  Á  K  A  N
R  Á  K  H  A  J  Ó  D  E  P  E  X  L  H
J  S  I  Z  F  K  C  G  B  K  X  E  L  K
```

HÍNÁR   MEDÚZA
ANGOLNA   HAL
BÁLNA   POLIP
HAJÓ   CÁPA
KORALL   ZÁTONY
RÁK   SÓ
GARNÉLARÁK   VIHAR
DELFIN   TONHAL
SZIVACS   TEKNŐS
OSZTRIGA   HULLÁMOK

44 - Remplir

```
K C S O M A G S D K E J U O
A S V T Á S K A O S O J L B
R Ő Ö U C I J E B Y Y S V R
T R D B Z H H A O Y I M Á Y
O K Ö Z N C Z N Z M M R Z R
N E R P N H V E V A W E A V
L M X Z F A O A L P V N K K
B U H C R J R R I P T Ü O Z
K Ő L M T Ó L Á D A F V R S
M C R T Á L C A K Ó I E S B
S M O Ö Z S E B I H Ó G Ó K
C P C E N I J G E A K R M Á
T R F A X D J J T C F P D D
H E C B O R Í T É K X J L I
```

KÁD	CSOMAG
HORDÓ	TÁLCA
DOBOZ	ZSEB
ÜVEG	KORSÓ
LÁDA	TÁSKA
KARTON	VÖDÖR
MAPPA	FIÓK
BORÍTÉK	CSŐ
HAJÓ	BŐRÖND
KOSÁR	VÁZA

45 - Ballet

```
G  K  I  F  E  J  E  Z  Ő  S  A  W  O  I
T  E  I  N  T  E  N  Z  I  T  Á  S  B  Z
W  A  S  S  T  Í  L  U  S  Z  B  X  T  M
C  P  I  Z  E  N  E  S  Z  E  R  Z  Ő  O
P  U  B  E  T  T  Á  N  C  O  S  O  K  K
M  R  E  N  N  U  N  K  I  I  C  U  C  T
Ű  Z  Ó  E  O  G  S  G  L  D  K  P  F  A
V  E  G  B  M  R  D  K  E  C  S  E  S  P
É  N  E  I  A  V  C  L  É  D  G  H  S  S
S  E  B  A  R  Y  O  B  K  S  H  B  E  I
Z  K  K  Ö  Z  Ö  N  S  É  G  Z  B  I  V
I  A  J  Y  F  S  Z  Ó  L  Ó  E  S  D  H
J  R  I  T  M  U  S  E  E  R  E  T  É  O
K  O  R  E  O  G  R  Á  F  I  A  E  C  G
```

TAPS	INTENZITÁS
MŰVÉSZI	IZMOK
KOREOGRÁFIA	ZENE
KÉSZSÉG	ZENEKAR
ZENESZERZŐ	KÖZÖNSÉG
TÁNCOSOK	PRÓBA
KIFEJEZŐ	RITMUS
GESZTUS	SZÓLÓ
KECSES	STÍLUS

46 - Fruit

```
C  Ő  S  Z  I  B  A  R  A  C  K  N  M  J
C  S  I  A  M  S  W  O  O  T  I  E  D  D
Á  I  E  M  O  O  P  B  I  C  V  K  V  G
F  B  T  R  Y  C  W  W  K  H  I  T  N  R
V  A  R  R  E  Z  G  U  J  Á  V  A  F  A
V  N  K  A  O  S  R  M  B  K  Ö  R  T  E
S  Á  S  L  P  M  Z  M  O  K  G  I  O  P
B  N  D  M  W  Á  N  N  G  L  P  N  B  P
P  G  I  A  Y  L  A  G  Y  R  Z  A  A  A
M  A  N  G  Ó  N  R  F  Ó  E  Z  P  V  P
P  Z  N  G  U  A  A  V  O  K  Á  D  Ó  A
S  J  Y  N  S  A  N  A  N  Á  S  Z  I  J
K  Z  E  E  Y  W  C  T  V  B  O  T  G  A
D  D  D  N  F  S  S  H  H  W  B  P  O  T
```

ANANÁSZ	KIVI
AVOKÁDÓ	MANGÓ
BOGYÓ	DINNYE
BANÁN	NEKTARIN
CSERESZNYE	NARANCS
CITROM	PAPAJA
ÁBRA	ŐSZIBARACK
MÁLNA	KÖRTE
GUJÁVAFA	ALMA

47 - Surf

```
G A K H M S E B E S S É G S
N T X A K Ó Y U Z Y E C W Z
L L I B H J K A X K X K A É
E É N P U S U A T E R Ő B L
M T L H L F I D A Z B F A S
B A Z K L Y Y S S D B B J Ő
I D Ő J Á R Á S T Ő A N N S
G R H Z M N J O Í R P X O É
C Y W V Á D X T L K A F K G
S X M L D T R B U C U N W E
G Y O M O R O Ú S Z N I D S
D J U L Y J N N T Ö M E G X
R P Ó C E Á N N Y X F A A N
N É P S Z E R Ű G F O E C V
```

MÓKA	HAB
ATLÉTA	ÚSZNI
BAJNOK	ÓCEÁN
KEZDŐ	STRAND
GYOMOR	NÉPSZERŰ
SZÉLSŐSÉGES	ZÁTONY
ERŐ	STÍLUS
TÖMEG	HULLÁM
IDŐJÁRÁS	SEBESSÉG

48 - Technologie

```
S  S  B  D  J  X  O  E  E  K  X  V  K  S
T  Z  S  L  K  I  J  E  L  Z  Ő  Í  A  F
A  O  Z  B  O  Y  T  K  P  F  W  R  M  Á
T  F  Á  I  G  G  M  L  O  Y  K  U  E  J
I  T  M  Z  F  U  I  N  V  O  A  S  R  L
S  V  Í  T  K  U  T  A  T  Á  S  D  A  B
Z  E  T  O  O  F  V  I  A  S  S  Y  A  E
T  R  Ó  N  V  I  R  T  U  Á  L  I  S  T
I  Ü  G  S  G  B  Ö  N  G  É  S  Z  Ő  Ű
K  Z  É  Á  D  I  G  I  T  Á  L  I  S  T
A  E  P  G  P  K  Y  U  T  M  L  Y  N  Í
I  N  T  E  R  N  E  T  U  A  I  Y  A  P
W  E  K  É  P  E  R  N  Y  Ő  I  U  W  U
N  T  K  U  R  Z  O  R  X  B  Á  J  T  S
```

KIJELZŐ	BÖNGÉSZŐ
BLOG	DIGITÁLIS
KAMERA	BÁJT
KURZOR	SZÁMÍTÓGÉP
ADAT	BETŰTÍPUS
KÉPERNYŐ	KUTATÁS
FÁJL	BIZTONSÁG
INTERNET	STATISZTIKA
SZOFTVER	VIRTUÁLIS
ÜZENET	VÍRUS

49 - Météo

```
D L M A S Z Á L Y Z V N S G
M A É E S Z E L L Ő I Y Z P
G O G G N O W R G S H U É H
D U N L K N M Z V Z A G L Ő
B U E S F Ö Y X J I R O T M
P A P P Z H R D L V M D L É
O T R Ó P U S I Ö Á Y T J R
L O H Z B R N G T R A S N S
Á R S Z Á R A Z R V G J V É
R N Y N G I V Y F Á B É X K
I Á E O X K H S E N Y G S L
S D N E A Á B V L Y T L P E
G Ó Y C N N É G H A J L A T
P B E Z K Ö D C Ő Z O C O O
```

SZIVÁRVÁNY   HURRIKÁN
LÉGKÖR   POLÁRIS
SZELLŐ   SZÁRAZ
KÖD   ASZÁLY
NYUGODT   HŐMÉRSÉKLET
ÉG   VIHAR
ÉGHAJLAT   MENNYDÖRGÉS
JÉG   TORNÁDÓ
MONSZUN   TRÓPUSI
FELHŐ   SZÉL

50 - Châteaux

```
K  L  T  E  R  X  F  P  E  C  P  K  S  R
M  E  O  V  B  H  E  R  C  E  G  N  Ő  X
Y  G  R  V  P  L  U  K  A  R  D  N  Z  F
G  Y  O  U  A  D  D  F  S  B  P  X  U  Y
F  S  N  A  L  G  Á  A  E  I  H  G  P  A
H  Z  Y  U  O  A  L  L  U  S  C  R  R  A
E  A  J  A  T  D  I  N  A  S  Z  T  I  A
R  R  C  H  A  C  S  N  E  M  E  S  Y  M
C  V  G  I  R  K  K  A  T  A  P  U  L  T
E  Ú  Y  S  Y  V  O  P  Á  N  C  É  L  T
G  V  L  K  S  S  Á  R  K  Á  N  Y  E  Ó
P  A  J  Z  S  D  I  U  O  A  A  C  R  O
B  I  R  O  D  A  L  O  M  N  D  L  Ő  L
C  K  I  R  Á  L  Y  S  Á  G  A  J  D  R
```

PÁNCÉL	FEUDÁLIS
PAJZS	ERŐD
KATAPULT	EGYSZARVÚ
LÓ	FAL
LOVAG	NEMES
KORONA	PALOTA
SÁRKÁNY	HERCEG
DINASZTIA	HERCEGNŐ
BIRODALOM	KIRÁLYSÁG
KARD	TORONY

51 - Randonnée

```
Ú  O  K  Ö  V  E  K  V  E  W  P  P  T  C
T  T  E  Z  V  T  C  N  I  F  U  A  E  P
V  N  M  I  D  Ő  J  Á  R  Á  S  R  R  S
D  E  P  U  H  E  G  Y  X  R  R  K  M  Z
O  H  I  N  T  Y  L  N  V  A  D  O  É  I
R  É  N  E  A  A  F  H  R  D  U  K  S  K
I  Z  G  A  Y  P  T  V  G  T  B  V  Z  L
E  T  É  R  K  É  P  Ó  X  G  P  V  E  A
N  I  Á  L  L  A  T  O  K  V  P  O  T  D
T  V  E  S  Z  É  L  Y  E  K  P  O  H  Y
Á  X  Í  X  K  J  K  U  K  J  E  Z  T  N
C  S  I  Z  M  A  P  X  J  Z  M  W  O  D
I  V  R  C  T  T  É  G  H  A  J  L  A  T
Ó  E  L  Ő  K  É  S  Z  Í  T  É  S  M  F
```

ÁLLATOK	NEHÉZ
CSIZMA	IDŐJÁRÁS
KEMPING	HEGY
TÉRKÉP	TERMÉSZET
ÉGHAJLAT	ORIENTÁCIÓ
VESZÉLYEK	PARKOK
VÍZ	KÖVEK
SZIKLA	ELŐKÉSZÍTÉS
FÁRADT	VAD
ÚTMUTATÓK	NAP

52 - Meubles

```
F P M P P X T J L T G P L T
O Á Z A O H K B G L Ü N M W
T R S D T L O F M C F K Z O
E N P O H R C L V H Ü N Ö J
L A S G E R A O P I G X V R
Á G Y D L X D C K C G C O I
A R M O I R E Y A W Ő R N J
K O M Ó D T P A W L Á M P A
Í R Ó A S Z T A L S G C O P
T X U I F Ü G G Ö N Y Ö K Á
S Z É K A N A P É R Z W H R
K Ö N Y V E S P O L C J W N
S Z Ő N Y E G Z M L E J H Á
D K F U T O N B W N I H L K
```

ARMOIRE	FUTON
PAD	FÜGGŐÁGY
KÖNYVESPOLC	LÁMPA
ÍRÓASZTAL	ÁGY
KANAPÉ	MATRAC
SZÉK	TÜKÖR
KOMÓD	PÁRNA
PÁRNÁK	FÜGGÖNYÖK
POLCOK	SZŐNYEG
FOTEL	

53 - Art

```
W  E  P  T  K  I  F  E  J  E  Z  É  S  K
E  R  E  D  E  T  I  K  F  H  S  S  Z  Ö
U  H  Ö  W  G  K  U  X  Y  A  Z  Z  Ü  L
X  Z  F  S  Y  N  S  U  J  N  E  O  R  T
N  F  Z  W  S  O  B  V  R  G  M  B  R  É
T  E  J  S  Z  Z  X  I  G  U  É  O  E  S
Ö  S  S  Z  E  T  E  T  T  L  L  R  A  Z
K  T  V  I  R  H  Á  T  H  A  Y  M  L  E
E  M  V  M  Ű  B  M  R  É  T  E  E  I  T
R  É  M  B  X  I  B  I  G  T  S  U  Z  I
Á  N  Z  Ó  W  E  J  N  O  Y  E  K  M  Y
M  Y  I  L  E  H  Y  T  I  U  U  L  U  E
I  E  J  U  I  H  L  E  T  E  T  T  S  H
A  K  F  M  Ő  S  Z  I  N  T  E  C  M  N
```

KERÁMIA	FESTMÉNYEK
ÖSSZETETT	SZEMÉLYES
ÖSSZETÉTEL	KÖLTÉSZET
KIFEJEZÉS	SZOBOR
ŐSZINTE	EGYSZERŰ
HANGULAT	TÁRGY
IHLETETT	SZÜRREALIZMUS
EREDETI	SZIMBÓLUM

54 - Nutrition

```
S  F  Ű  S  Z  E  R  E  K  B  L  S  Y  E
Z  Z  Ö  S  S  Z  E  T  E  V  Ő  K  H  G
Ó  G  É  T  V  Á  G  Y  X  W  W  A  T  É
S  S  S  N  M  T  T  Y  W  P  J  U  V  S
Z  T  Ú  E  H  E  T  Ő  H  I  U  F  F  Z
D  V  L  E  M  I  N  Ő  S  É  G  E  O  S
O  P  Y  G  R  D  D  T  X  R  V  H  L  É
T  O  X  I  N  J  I  R  Z  H  K  É  Y  G
I  D  J  S  H  W  E  É  Á  P  S  R  A  K
K  A  L  Ó  R  I  A  S  T  T  G  J  D  E
G  Í  S  H  Z  R  I  R  Z  A  O  É  É  S
R  Z  V  I  T  A  M  I  N  T  R  K  K  E
E  G  É  S  Z  S  É  G  E  S  É  D  O  R
E  M  É  S  Z  T  É  S  E  B  G  S  K  Ű
```

KESERŰ	FOLYADÉKOK
ÉTVÁGY	SÚLY
KALÓRIA	FEHÉRJÉK
EHETŐ	MINŐSÉG
DIÉTA	EGÉSZSÉGES
EMÉSZTÉS	EGÉSZSÉG
FŰSZEREK	SZÓSZ
ERJESZTÉS	ÍZ
SZÉNHIDRÁTOK	TOXIN
ÖSSZETEVŐK	VITAMIN

55 - Science Fiction

```
R O B O T O K V B S T B L F
T O J Ó S L A T A Z E O P U
H Ű B G W S J U M É C L K T
D Y Z B Z W Z X K L H Y É U
E G A L A X I S Ö S N G P R
B T I T Y N U N Ő O Ó Z I
M O Z I O B Á R Y S L V E S
W D L Z J M P S V É Ó I L Z
R E Á L I S I L E G G L E T
I L L Ú Z I Ó T K E I Á T I
R E J T É L Y E S S A G B K
F O R G A T Ó K Ö N Y V E U
F A N T A S Z T I K U S L S
A I O R O Y K S U T Ó P I A
```

ATOMI
MOZI
ROBBANÁS
SZÉLSŐSÉGES
FANTASZTIKUS
TŰZ
FUTURISZTIKUS
GALAXIS
ILLÚZIÓ
KÉPZELETBELI

KÖNYVEK
VILÁG
REJTÉLYES
JÓSLAT
BOLYGÓ
REÁLIS
ROBOTOK
FORGATÓKÖNYV
TECHNOLÓGIA
UTÓPIA

56 - Vertus #1

```
B E V J V M U W K S O H G H
S Á M F Ó A U Z J Y K Y Y A
Z B J N A G Y L E L K Ű A T
E Ö H O N A E B Y I F T K É
R L A E S B K G Z C D H O K
É C S P F I I Í K P V K R O
N S Z D Ü Z S B V H D P L N
Y D N F G T B Z I Á Ö L A Y
G O O G G O E V C K N L T A
Z B S A E S T L C Y T C I V
T I S Z T A E B E J Ő H S L
X W X I L D G N S H E P W I
M R R R E M Ű V É S Z I Z M
P S Z E N V E D É L Y E S D
```

MŰVÉSZI   FÜGGETLEN
JÓ   SZERÉNY
BÁJOS   SZENVEDÉLYES
MAGABIZTOS   BETEG
KÍVÁNCSI   GYAKORLATI
DÖNTŐ   TISZTA
VICCES   BÖLCS
HATÉKONY   HASZNOS
NAGYLELKŰ

57 - Professions #1

```
C  S  I  L  L  A  G  Á  S  Z  T  K  T  P
T  R  E  O  C  O  G  H  D  K  É  M  Ű  S
Z  O  N  G  O  R  I  S  T  A  R  F  Z  Z
N  B  Y  M  E  V  D  F  U  N  K  Z  O  I
I  A  J  Ü  O  O  S  O  D  M  É  E  L  C
Y  Z  G  G  W  S  L  R  Ó  O  P  N  T  H
L  N  Y  Y  A  D  D  Ó  S  Z  É  É  Ó  O
B  Y  N  V  K  W  P  T  G  M  S  S  T  L
U  A  G  É  G  Ö  D  C  P  U  Z  Z  Á  Ó
R  Y  N  D  P  A  V  A  D  Á  S  Z  N  G
H  G  A  K  U  S  K  E  E  D  Z  Ő  C  U
F  Y  C  B  Á  F  K  W  T  V  M  E  O  S
I  D  Z  L  N  R  M  Ű  V  É  S  Z  S  E
Á  P  O  L  Ó  É  K  S  Z  E  R  É  S  Z
```

NAGYKÖVET	EDZŐ
MŰVÉSZ	GEOLÓGUS
CSILLAGÁSZ	ÁPOLÓ
ÜGYVÉD	ORVOS
BANKÁR	ZENÉSZ
ÉKSZERÉSZ	ZONGORISTA
TÉRKÉPÉSZ	TŰZOLTÓ
VADÁSZ	PSZICHOLÓGUS
TÁNCOS	TUDÓS

58 - Géologie

```
K  E  S  Z  T  A  L  A  G  M  I  T  O  K
O  Ő  R  K  A  L  C  I  U  M  K  E  L  B
R  H  É  Ó  D  P  J  K  C  T  R  F  V  K
A  S  T  G  Z  M  V  V  S  E  I  F  A  F
L  Ó  E  G  O  I  V  A  E  U  S  O  D  Z
L  D  G  U  W  B  Ó  R  P  V  T  S  T  B
V  U  L  K  Á  N  J  C  P  X  Á  S  A  U
M  E  Á  R  Z  S  X  F  K  T  L  Z  D  V
E  R  V  C  G  O  N  U  Ő  X  Y  I  Y  A
B  T  A  F  E  N  N  S  Í  K  O  L  Y  M
T  W  Y  D  J  E  V  W  A  W  K  I  J  O
V  Z  V  F  Z  Ó  N  A  B  B  V  S  T  S
W  E  I  X  Í  E  B  A  R  L  A  N  G  O
E  U  U  G  R  K  O  N  T  I  N  E  N  S
```

SAV	GEJZÍR
KALCIUM	LÁVA
BARLANG	KŐ
KONTINENS	FENNSÍK
KORALL	KVARC
RÉTEG	SÓ
KRISTÁLYOK	CSEPPKŐ
ERÓZIÓ	SZTALAGMITOK
OLVADT	VULKÁN
FOSSZILIS	ZÓNA

59 - Cirque

```
E  J  E  L  M  E  Z  Z  P  I  H  K  U  G
Á  L  L  A  T  O  K  E  U  A  R  Y  J  L
J  Á  Ő  S  T  M  S  N  I  G  R  W  B  H
E  T  A  A  T  U  N  E  S  O  G  Á  B  U
G  V  H  C  D  M  A  J  O  M  C  I  D  G
Y  Á  V  X  W  Á  Z  F  K  I  B  S  G  É
L  N  B  Ű  V  É  S  Z  G  H  O  U  I  A
R  Y  T  M  N  W  O  Á  L  A  H  E  Y  Z
I  O  I  U  N  K  N  T  T  V  Ó  Z  H  K
E  S  G  F  É  J  G  Y  M  O  C  I  R  F
I  M  R  N  Z  M  L  H  Z  M  R  G  B  P
C  R  I  C  Ő  X  Ő  E  L  E  F  Á  N  T
X  Y  S  S  Z  Ó  R  A  K  O  Z  T  A  T
O  R  O  S  Z  L  Á  N  M  Á  G  I  A  F
```

ÁLLATOK	MÁGIA
JEGY	ELŐADÁS
BOHÓC	ZENE
JELMEZ	PARÁDÉ
SZÓRAKOZTAT	MAJOM
ELEFÁNT	LÁTVÁNYOS
ZSONGLŐR	NÉZŐ
OROSZLÁN	SÁTOR
BŰVÉSZ	TIGRIS

60 - Jardin

```
K  G  Y  O  M  O  K  P  R  R  N  M  L  G
J  E  E  T  R  A  M  B  U  L  I  N  A  Y
Y  A  R  R  A  R  L  O  G  N  O  N  P  Ü
E  V  H  Í  E  U  M  K  H  S  B  B  Á  M
G  Z  I  F  T  B  I  O  D  Z  T  H  T  Ö
V  P  A  R  I  É  L  R  F  T  Ö  G  R  L
F  G  A  R  Á  Z  S  Y  K  A  M  H  H  C
Ü  H  Y  F  S  G  P  L  E  V  L  J  T  S
G  Y  E  P  S  Z  Ő  L  Ő  A  Ő  H  D  Ö
G  F  Ű  A  C  J  L  C  P  C  C  H  N  S
Ő  A  L  D  R  G  I  X  U  S  P  G  B  D
Á  U  F  C  A  G  O  T  E  K  X  C  U  F
G  N  P  N  O  T  P  O  T  A  L  A  J  U
Y  E  K  E  R  T  E  R  A  S  Z  S  L  G
```

FA	GYOMOK
PAD	LAPÁT
BOKOR	GYEP
KERÍTÉS	GEREBLYE
TAVACSKA	TALAJ
VIRÁG	TERASZ
GARÁZS	TRAMBULIN
FÜGGŐÁGY	TÖMLŐ
FŰ	GYÜMÖLCSÖS
KERT	SZŐLŐ

61 - Barbecues

```
K  B  B  E  O  Z  V  X  E  V  D  F  J  E
G  É  F  O  R  R  Ó  Y  F  Z  V  W  Á  B
Y  H  S  Ó  R  C  G  L  Y  L  O  A  T  É
Ü  S  Z  E  R  S  A  L  Á  T  Á  K  É  D
M  É  Ö  C  K  Z  E  M  V  S  F  C  K  N
Ö  G  L  S  C  Ó  E  L  A  R  F  T  O  Y
L  Y  D  I  S  S  I  N  R  H  X  N  K  Á
C  E  S  R  A  Z  S  M  E  A  U  S  S  R
S  R  É  K  L  L  A  Z  A  G  R  I  L  L
O  M  G  E  Á  O  G  O  C  Y  F  C  Y  M
H  E  E  L  D  N  T  L  N  M  Z  V  M  O
W  K  K  V  A  C  S  O  R  A  A  J  A  H
V  E  P  A  R  A  D  I  C  S  O  M  P  U
O  K  R  Y  B  C  D  H  Z  K  G  X  X  C
```

FORRÓ	JÁTÉKOK
KÉSEK	ZÖLDSÉGEK
EBÉD	ZENE
VACSORA	HAGYMA
GYERMEKEK	BORS
NYÁR	CSIRKE
ÉHSÉG	SALÁTÁK
CSALÁD	SZÓSZ
GYÜMÖLCS	SÓ
GRILL	PARADICSOM

62 - Anniversaire

```
T  H  B  K  A  D  J  B  G  D  A  L  K  G
A  K  H  Á  B  O  L  D  O  G  J  B  G  Y
N  H  V  R  J  Ö  M  D  X  R  Á  A  O  E
U  G  O  T  K  G  L  X  B  G  N  R  D  R
L  A  N  Y  K  P  R  C  V  I  D  Á  M  T
N  A  P  Á  I  Ü  Y  T  S  X  É  T  Ó  Y
I  S  Y  K  D  C  L  M  S  E  K  O  K  Á
E  G  U  Y  Ő  B  G  Ö  N  E  S  K  A  K
M  E  G  H  Í  V  Ó  K  N  G  D  S  V  N
Y  U  N  A  P  T  Á  R  É  L  R  T  É  A
Z  C  X  P  T  B  O  X  V  D  E  N  E  G
H  K  R  K  Y  H  Y  R  J  W  B  G  U  R
Ü  N  N  E  P  L  É  S  T  H  L  S  E  R
O  V  N  Y  G  Z  X  F  I  A  T  A  L  S
```

BARÁTOK	TORTA
MÓKA	BOLDOG
ÉV	MEGHÍVÓK
TANULNI	FIATAL
GYERTYÁK	NAP
AJÁNDÉK	VIDÁM
NAPTÁR	BÖLCSESSÉG
KÁRTYÁK	KÜLÖNLEGES
DAL	IDŐ
ÜNNEPLÉS	

63 - Animaux de Compagnie

```
G T K E K U T Y A P V F X H
A E E I G E C I C A Y D V Ö
L H G K S É F X E P K A J R
L É T W N K R F H A L K N C
É N U U Y Ő U Z H G Y Í K S
R C J S Ú X S T X Á V Í Z Ö
O F I W L G W G Y J X H G G
L P Ó R Á Z W J G A L O R K
M A N C S O K U F A R O K E
A E M É L E L M I S Z E R C
C A L L V T T K Z Y P M W S
S B N C T A E B Z I E M C K
K R N Á L L A T O R V O S E
A N H U F V D N C I E N M X
```

MACSKA	GYÍK
CICA	ÉLELMISZER
KECSKE	MANCSOK
KUTYA	PAPAGÁJ
KISKUTYA	HAL
GALLÉR	FAROK
VÍZ	EGÉR
HÖRCSÖG	TEKNŐS
PÓRÁZ	TEHÉN
NYÚL	ÁLLATORVOS

64 - Forêt Tropicale

```
F  M  O  H  A  F  T  Ú  L  É  L  É  S  G
M  E  D  L  M  G  A  J  G  Y  B  A  V  O
A  G  L  Y  K  N  V  J  J  L  C  L  F  K
D  Ő  Y  H  É  G  H  A  J  L  A  T  K  Ö
A  R  N  F  Ő  C  F  C  P  L  H  K  D  Z
R  Z  F  X  I  K  C  V  X  I  P  É  Z  Ö
A  É  M  T  I  S  Z  T  E  L  E  T  S  S
K  S  M  E  D  A  Z  S  M  R  É  É  U  S
J  B  A  D  N  O  S  G  L  O  R  L  N  É
U  X  I  O  E  E  L  R  Ő  V  T  T  G  G
R  O  F  J  F  N  D  U  S  A  É  Ű  E  S
B  B  C  E  N  S  S  É  Ö  R  K  E  L  Y
B  O  T  A  N  I  K  A  K  O  E  K  U  P
T  E  R  M  É  S  Z  E  T  K  S  L  U  A
```

KÉTÉLTŰEK	TERMÉSZET
BOTANIKA	FELHŐK
ÉGHAJLAT	MADARAK
KÖZÖSSÉG	ÉRTÉKES
FAJ	MEGŐRZÉS
ROVAROK	MENEDÉK
DZSUNGEL	TISZTELET
EMLŐSÖK	TÚLÉLÉS
MOHA	

65 - Ferme #1

```
L  T  O  W  X  W  I  E  B  Ö  L  É  N  Y
M  E  Z  Ő  G  A  Z  D  A  S  Á  G  V  D
N  H  M  G  P  O  N  H  Y  R  B  Z  D  Z
V  É  T  Z  X  Y  P  U  E  V  N  B  M  C
A  N  Y  H  L  E  M  K  E  R  Í  T  É  S
R  Y  S  J  V  A  N  E  M  W  I  Z  H  I
J  Á  Z  Y  K  M  A  C  S  K  A  Z  T  R
Ú  J  É  A  U  E  V  S  K  U  V  G  S  K
X  T  N  C  S  Z  K  K  O  T  I  V  W  E
O  R  A  E  Z  Ő  K  E  E  Y  J  T  Í  Z
E  Á  O  E  A  V  S  A  P  A  M  M  I  Z
Z  G  R  G  M  É  Z  B  N  F  T  X  W  V
A  Y  G  E  Á  Z  M  U  O  M  R  E  L  G
G  A  B  O  R  J  Ú  Z  J  E  G  I  D  Ó
```

MÉH	VARJÚ
MEZŐGAZDASÁG	VÍZ
SZAMÁR	TRÁGYA
BÖLÉNY	SZÉNA
MEZŐ	MÉZ
MACSKA	CSIRKE
LÓ	RIZS
KECSKE	NYÁJ
KUTYA	TEHÉN
KERÍTÉS	BORJÚ

66 - Escalade

```
S  A  I  G  R  S  K  C  S  I  Z  M  A  S
X  T  Ú  R  Á  Z  Á  S  Z  B  Ú  K  K  I
G  E  A  R  I  P  H  M  A  A  T  I  É  S
R  R  R  B  W  Z  R  K  K  R  M  H  P  A
A  V  L  Ő  I  V  O  E  É  L  U  Í  Z  K
R  S  É  R  Ü  L  É  S  R  A  T  V  É  E
I  T  M  E  G  K  I  Z  T  N  A  Á  S  S
F  I  Z  I  K  A  I  T  Ő  G  T  S  I  K
U  T  E  R  E  P  R  Y  Á  E  Ó  O  P  E
T  É  N  F  W  R  W  Ű  E  S  K  K  W  N
T  R  K  Í  V  Á  N  C  S  I  S  Á  G  Y
U  K  T  L  G  U  C  I  C  F  P  M  I  J
L  É  G  K  Ö  R  M  A  G  A  S  S  Á  G
F  P  E  Y  B  U  T  M  W  R  K  G  E  I
```

MAGASSÁG	ERŐ
LÉGKÖR	KÉPZÉS
SÉRÜLÉS	KESZTYŰ
CSIZMA	BARLANG
TÉRKÉP	ÚTMUTATÓK
SISAK	FIZIKAI
KÍVÁNCSISÁG	TÚRÁZÁS
KIHÍVÁSOK	STABILITÁS
SZAKÉRTŐ	TEREP
KESKENY	

67 - École #2

```
O R L U K R G B M Z Y X K S
K L O F X O M F P O M T Ö Z
T O L N A P T Á R P I T N Á
A L K Ó K S C A L L R Z Y M
T V W T Ö J Á T É K O K V Í
Á A T A N U L Á S P D W E T
S S E N Y V N L D A A X K Ó
Z Á W Á V B J U R P L G H G
Ó S I R T U N C T Í O D T É
T C Í R Á S J U B R M N V P
Á H D F R Z N Y E L V T A N
R H Á Z I F E L A D A T U B
C E R U Z A T U D O M Á N Y
T E V É K E N Y S É G E K N
```

TEVÉKENYSÉGEK
TANULÁS
KÖNYVTÁR
BUSZ
NAPTÁR
OLLÓ
CERUZA
HÁZI FELADAT
SZÓTÁR
TANÁR

ÍRÁS
OKTATÁS
NYELVTAN
JÁTÉKOK
OLVASÁS
IRODALOM
KÖNYVEK
SZÁMÍTÓGÉP
PAPÍR
TUDOMÁNY

68 - Antarctique

```
S  Z  I  G  E  T  E  K  K  J  R  G  P  M
F  E  L  H  Ő  K  H  Ö  U  C  S  L  V  E
F  B  P  X  H  S  H  R  T  M  A  E  G  G
T  Ö  T  L  Ő  O  H  N  A  V  B  C  M  Ő
U  B  L  N  M  Z  M  Y  T  Í  Á  C  A  R
D  Ö  Y  D  É  W  U  E  Ó  Z  L  S  D  Z
O  L  B  Z  R  T  D  Z  L  S  N  E  A  É
M  D  K  R  S  A  I  E  O  Y  Á  R  R  S
Á  X  R  E  É  S  J  T  S  E  K  E  A  K
N  B  R  F  K  U  É  Z  I  M  G  K  K  U
Y  C  A  Y  L  M  G  S  Z  I  K  L  Á  S
O  Y  I  O  E  X  P  E  D  Í  C  I  Ó  D
S  K  O  N  T  I  N  E  N  S  J  E  T  J
F  É  L  S  Z  I  G  E  T  J  A  R  F  E
```

ÖBÖL	JÉG
BÁLNÁK	GLECCSEREK
KUTATÓ	SZIGETEK
MEGŐRZÉS	FELHŐK
KONTINENS	MADARAK
VÍZ	FÉLSZIGET
KÖRNYEZET	SZIKLÁS
EXPEDÍCIÓ	TUDOMÁNYOS
FÖLDRAJZ	HŐMÉRSÉKLET

69 - Professions #2

```
K  G  X  A  J  T  M  A  B  R  L  S  V  G
Ö  U  S  U  F  A  É  T  G  I  X  Z  S  D
N  N  T  T  E  N  R  K  F  O  T  Ó  S  W
Y  Y  A  A  S  Á  N  E  P  I  L  Ó  T  A
V  M  E  M  T  R  Ö  R  S  A  C  U  Y  F
T  Y  G  L  Ő  Ó  K  T  E  S  A  K  T  E
Á  N  M  T  V  M  U  É  B  G  G  T  Y  L
R  Y  Y  F  P  É  P  S  É  I  N  N  K  T
O  R  V  O  S  H  S  Z  S  E  C  S  W  A
S  T  M  N  M  G  F  Z  Z  O  T  F  T  L
W  P  F  G  V  O  Ű  R  H  A  J  Ó  S  Á
U  Y  F  I  L  O  Z  Ó  F  U  S  P  R  L
Ú  J  S  Á  G  Í  R  Ó  F  T  O  S  R  Ó
I  L  L  U  S  Z  T  R  Á  T  O  R  X  K
```

ŰRHAJÓS	KERTÉSZ
KÖNYVTÁROS	ÚJSÁGÍRÓ
KUTATÓ	NYELVÉSZ
SEBÉSZ	ORVOS
NYOMOZÓ	FESTŐ
TANÁR	FILOZÓFUS
ILLUSZTRÁTOR	FOTÓS
MÉRNÖK	PILÓTA
FELTALÁLÓ	

70 - Les Abeilles

```
N  K  É  É  L  E  L  M  I  S  Z  E  R  L
A  Z  V  L  V  I  R  Á  G  G  W  Z  V  S
P  C  I  I  Ő  M  Z  J  J  B  B  N  I  O
K  E  R  T  Y  H  S  Z  Á  R  N  Y  A  K
R  R  Á  S  F  R  E  T  W  O  Ö  K  S  F
I  A  G  Y  U  I  B  L  X  V  V  A  Z  É
A  J  O  M  C  D  E  R  Y  A  É  P  N  L
P  Y  K  N  E  R  E  U  Y  R  N  T  X  E
C  O  G  Y  Ü  M  Ö  L  C  S  Y  Á  M  S
I  Z  L  C  G  C  O  O  N  C  E  R  G  É
N  Y  F  L  G  P  M  C  O  H  K  X  T  G
W  U  L  Ü  E  M  É  H  X  E  I  B  D  C
D  T  F  U  S  N  Z  E  L  Ő  N  Y  Ö  S
A  F  S  L  U  T  K  I  R  Á  L  Y  N  Ő
```

SZÁRNYAK	ROVAR
ELŐNYÖS	KERT
VIASZ	MÉZ
SOKFÉLESÉG	ÉLELMISZER
RAJ	NÖVÉNYEK
VIRÁG	POLLEN
VIRÁGOK	KIRÁLYNŐ
GYÜMÖLCS	KAPTÁR
FÜST	NAP
ÉLŐHELY	

71 - Dinosaures

```
H  H  E  R  Z  Ő  S  K  O  R  I  K  H  R
A  Ú  V  F  S  R  N  Z  O  N  B  Z  P  A
T  S  O  J  Á  Z  A  B  Á  C  D  X  U  P
A  E  L  E  K  J  G  M  É  R  E  T  P  T
L  V  Ú  V  M  J  Y  S  X  O  N  R  K  O
M  Ő  C  E  Á  H  Ü  L  L  Ő  C  Y  F  R
A  R  I  L  N  M  A  M  U  T  Z  C  A  B
S  M  Ó  T  Y  P  F  C  M  D  F  B  R  K
L  V  P  Ű  V  W  F  N  A  F  Ö  L  O  I
N  M  I  N  D  E  N  E  V  Ő  L  U  K  R
N  Ö  V  É  N  Y  E  V  Ő  R  D  I  O  U
E  R  Ő  S  F  O  S  S  Z  Í  L  I  Á  K
L  V  W  H  H  A  G  O  N  O  S  Z  M  T
D  F  N  R  J  N  J  C  K  Y  E  S  J  C
```

SZÁRNYAK	MINDENEVŐ
HÚSEVŐ	ŐSKORI
ELTŰNÉS	ZSÁKMÁNY
FAJ	ERŐS
HATALMAS	FAROK
EVOLÚCIÓ	RAPTOR
FOSSZÍLIÁK	HÜLLŐ
NAGY	MÉRET
NÖVÉNYEVŐ	FÖLD
MAMUT	GONOSZ

72 - Conduite

```
G  M  M  O  S  B  I  Z  T  O  N  S  Á  G
Á  Y  O  Ú  F  L  U  C  F  É  K  E  K  A
Z  B  A  T  K  A  M  I  O  N  R  I  I  U
T  A  K  L  O  A  L  A  G  Ú  T  K  Y  T
I  E  A  F  O  R  D  C  V  C  W  A  É  Ó
Z  G  K  U  J  G  X  T  E  P  A  Z  B  P
X  F  J  M  C  L  O  V  S  G  J  J  I  B
J  P  G  A  R  Á  Z  S  Z  V  T  J  N  A
M  O  T  O  R  K  E  R  É  K  P  Á  R  L
U  P  N  A  S  Z  Á  L  L  Í  T  Á  S  E
E  N  G  E  D  É  L  Y  Y  P  S  O  C  S
Ü  Z  E  M  A  N  Y  A  G  Z  T  F  F  E
R  E  N  D  Ő  R  S  É  G  P  T  Z  W  T
M  S  Z  P  N  F  O  R  G  A  L  O  M  G
```

BALESET	MOTORKERÉKPÁR
KAMION	GYALOGOS
ÜZEMANYAG	RENDŐRSÉG
TÉRKÉP	ÚT
VESZÉLY	BIZTONSÁG
FÉKEK	FORGALOM
GARÁZS	SZÁLLÍTÁS
GÁZ	ALAGÚT
ENGEDÉLY	AUTÓ
MOTOR	

73 - Plantes

```
T F K L Y R L B L L T T L N
R A O L O O R N Y E P R G Ö
Á E L G S M O H A D W B M V
G C R L L J B A M B U S Z É
Y Y V T J H O O T A A Z U N
A N Ö V C U R Y Z B I I W Y
H Ö X K X V O O E A V R O V
T V L A É I S J R R T O X I
Y É U K E R T F B G D M I L
C N T T V Á Y W L I A Ő H Á
E Y F U Z G Á B O G Y Ó Y G
R Z D S E B N Ő D P F I B M
X E L Z B O T A N I K A F T
P T B O K O R Z O P K L Ű V
```

FA	ERDŐ
BOGYÓ	NŐ
BAMBUSZ	BAB
BOTANIKA	FŰ
BOKOR	KERT
KAKTUSZ	BOROSTYÁN
TRÁGYA	MOHA
LOMBOZAT	SZIROM
VIRÁG	GYÖKÉR
NÖVÉNYVILÁG	NÖVÉNYZET

74 - Ferme #2

```
I  X  Á  L  O  B  F  Y  D  J  H  T  E  J
O  P  L  P  Á  P  A  J  T  A  N  R  I  K
J  Z  L  V  O  M  Á  X  B  M  C  A  É  U
N  G  A  Z  D  A  A  S  Ú  R  J  K  L  K
Ö  N  T  Ö  Z  É  S  R  Z  I  D  T  E  O
V  C  O  M  Y  J  S  É  A  T  S  O  L  R
É  J  K  G  É  U  P  T  R  D  O  R  M  I
N  D  K  F  I  H  O  J  B  A  K  R  I  C
Y  H  D  W  P  U  K  F  F  D  A  Á  S  A
I  B  Á  R  Á  N  Y  A  E  I  C  R  Z  P
G  Y  Ü  M  Ö  L  C  S  S  L  S  P  E  S
G  Y  Ü  M  Ö  L  C  S  Ö  S  A  A  R  X
Y  G  E  G  T  A  I  U  I  T  X  P  L  C
L  L  W  S  Z  V  F  U  R  P  L  M  P  A
```

BÁRÁNY	LÁMA
GAZDA	NÖVÉNYI
ÁLLATOK	KUKORICA
PÁSZTOR	JUH
BÚZA	ÉLELMISZER
KACSA	ÁRPA
GYÜMÖLCS	RÉT
PAJTA	MÉHKAS
ÖNTÖZÉS	TRAKTOR
TEJ	GYÜMÖLCSÖS

75 - École #1

```
M  R  J  U  G  L  K  H  T  N  K  B  H  P
I  Y  T  K  R  W  V  V  C  N  Z  G  J  A
A  V  A  I  V  B  O  Í  Í  E  P  T  O  P
K  Ö  N  Y  V  T  Á  R  V  Z  R  Z  T  Í
O  E  U  W  E  T  A  N  Á  R  L  U  S  R
P  E  L  L  B  U  H  I  L  V  W  D  Z  B
M  W  N  K  É  K  E  A  A  I  I  N  Á  A
Ó  Y  I  G  D  M  S  L  S  Z  É  K  M  R
K  K  Ö  N  Y  V  E  K  Z  S  Á  X  O  Á
A  C  A  Y  B  U  L  K  O  G  B  P  K  T
M  A  P  P  Á  K  S  H  K  Á  É  L  K  O
Í  R  Ó  A  S  Z  T  A  L  K  C  K  B  K
M  A  T  E  M  A  T  I  K  A  É  C  E  Z
H  L  J  O  K  G  T  A  N  T  E  R  E  M
```

ÁBÉCÉ	TANÁR
BARÁTOK	VIZSGÁK
MÓKA	ÍRNI
TANULNI	KÖNYVEK
KÖNYVTÁR	MATEMATIKA
ÍRÓASZTAL	SZÁMOK
SZÉK	PAPÍR
CERUZA	KVÍZ
EBÉD	VÁLASZOK
MAPPÁK	TANTEREM

76 - Vacances #2

```
T  S  Z  Á  L  L  Í  T  Á  S  A  V  Z  S
M  E  Á  F  O  G  L  A  L  Á  S  O  K  Z
R  L  N  T  P  T  I  X  H  N  Z  N  S  A
E  Y  V  G  O  Z  E  I  Z  Y  I  A  Z  B
P  É  T  T  E  R  E  M  O  A  G  T  Á  A
Ü  F  F  É  E  R  N  Ú  R  R  E  P  L  D
L  W  O  R  N  O  W  H  T  A  T  A  L  I
Ő  R  T  K  K  Ü  L  F  Ö  L  D  I  O  D
T  A  Ó  É  E  O  R  L  U  Á  E  I  D  Ő
É  C  K  P  M  T  G  H  T  S  F  V  A  E
R  D  U  C  P  S  T  R  A  N  D  Í  É  Y
J  B  J  A  I  G  N  X  Z  C  D  Z  A  L
R  A  R  T  N  O  Z  J  Á  K  U  U  Z  L
N  Z  J  W  G  T  S  V  S  T  T  M  I  Z
```

REPÜLŐTÉR
KEMPING
TÉRKÉP
KÜLFÖLDI
SZÁLLODA
SZIGET
SZABADIDŐ
TENGER
ÚTLEVÉL
FOTÓK

STRAND
ÉTTEREM
FOGLALÁSOK
TAXI
SÁTOR
VONAT
SZÁLLÍTÁS
NYARALÁS
VÍZUM
UTAZÁS

77 - Temps

```
R  E  G  G  E  L  S  V  X  K  É  Y  R  I
H  U  X  N  T  E  G  N  A  P  V  R  F  J
A  Ó  R  A  L  P  L  N  E  E  E  N  H  R
M  K  N  M  O  S  T  Ő  U  R  S  C  S  C
A  L  A  A  B  W  J  H  T  C  I  J  U  C
R  T  P  L  P  Y  N  É  Á  T  V  H  X  C
É  J  S  Z  A  K  A  T  N  J  B  M  A  T
K  C  Z  D  É  L  P  K  X  T  Ö  G  N  O
O  G  Á  O  F  L  T  B  M  A  É  V  P  A
O  A  Z  S  G  F  Á  F  E  I  G  Z  Ő  K
C  D  A  K  H  C  R  K  T  A  F  X  I  S
X  K  D  É  V  T  I  Z  E  D  G  G  D  Z
G  S  R  N  M  H  W  D  B  J  S  U  H  W
H  H  K  A  C  Y  V  L  M  W  Z  Z  G  S
```

ÉV	TEGNAP
ÉVES	NAP
UTÁN	MOST
MA	REGGEL
ELŐTT	DÉL
HAMAR	PERC
NAPTÁR	HÓNAP
ÉVTIZED	ÉJSZAKA
JÖVŐ	HÉT
ÓRA	SZÁZAD

78 - Maison

```
R P X L W K I K F A L F C P
T E T Ő K E J U Ü B K I F A
M Ü Y I I R U L G E Z X A D
E A K N H Í F C G O G F E L
N O S Ö X T L S Ö Y Z D S Á
N J K U R É K O N Y H A E S
Y T B M A S E K Y G S B P S
E K E U C J R C Ö A Z L R Z
Z U H A N Y T S K R O A Ű Ő
E T O F B G L Ó M Á B K W N
T F D E V J C Á O Z A E W Y
K A N D A L L Ó M S Z Y O E
K Ö N Y V T Á R L P L L O G
O K A K N P V J G N A T B G
```

SEPRŰ	PADLÁS
KÖNYVTÁR	KERT
SZOBA	LÁMPA
KANDALLÓ	TÜKÖR
KULCSOK	FAL
KERÍTÉS	MENNYEZET
KONYHA	AJTÓ
ZUHANY	FÜGGÖNYÖK
ABLAK	SZŐNYEG
GARÁZS	TETŐ

79 - Légumes

```
B  M  V  I  C  W  U  S  B  Y  A  G  Y  O
T  C  Y  G  O  M  B  A  P  O  C  A  K  L
Ö  B  R  O  K  K  O  L  I  E  R  R  X  A
K  H  H  H  W  W  R  Á  C  Y  N  S  M  J
Y  E  R  E  T  E  K  T  K  H  L  Ó  Ó  B
X  O  G  U  D  L  A  A  F  V  J  C  T  O
F  E  H  É  R  R  É  P  A  K  U  C  T  G
Z  E  L  L  E  R  U  H  V  A  B  I  W  Y
A  R  T  I  C  S  Ó  K  A  C  X  I  A  Ó
M  O  G  Y  O  R  Ó  H  A  G  Y  M  A  B
S  Á  R  G  A  R  É  P  A  F  Y  D  U  E
F  O  K  H  A  G  Y  M  A  M  X  M  V  F
P  E  T  R  E  Z  S  E  L  Y  E  M  A  H
S  F  X  L  J  R  G  Y  Ö  M  B  É  R  C
```

FOKHAGYMA	SPENÓT
ARTICSÓKA	GYÖMBÉR
BROKKOLI	FEHÉRRÉPA
SÁRGARÉPA	HAGYMA
ZELLER	OLAJBOGYÓ
GOMBA	PETREZSELYEM
TÖK	BORSÓ
UBORKA	RETEK
MOGYORÓHAGYMA	SALÁTA

80 - Plage

```
L  D  I  H  A  J  Ó  I  G  G  A  W  J  E
H  U  S  O  A  Y  N  G  E  G  P  B  D  U
R  R  A  M  B  R  Y  K  R  N  H  A  A  V
K  N  Á  O  M  W  D  P  V  L  P  U  R  C
S  F  F  K  A  G  Y  L  Ó  F  H  U  G  T
Z  V  V  H  V  X  D  G  X  C  B  E  P  E
A  Á  E  S  E  R  N  Y  Ő  A  A  R  L  N
N  V  T  Ó  C  E  Á  N  A  P  D  K  A  G
D  M  D  O  K  K  S  Z  I  G  E  T  G  E
Á  F  N  A  N  Y  A  R  A  L  Á  S  Ú  R
L  L  N  N  P  Y  T  F  H  Ú  S  Z  N  I
K  É  K  T  Ö  R  Ü  L  K  Ö  Z  Ő  A  W
V  I  T  O  R  L  Á  S  H  H  Y  N  V  A
F  T  N  I  E  E  N  C  E  S  U  P  K  O
```

HAJÓ	ÓCEÁN
KÉK	ESERNYŐ
KAGYLÓ	ZÁTONY
PART	HOMOK
RÁK	SZANDÁL
DOKK	TÖRÜLKÖZŐ
SZIGET	NAP
LAGÚNA	NYARALÁS
TENGER	VITORLÁS
ÚSZNI	

81 - Vacances #1

```
Ú  T  V  O  N  A  L  Y  V  Á  M  J  S  S
S  K  V  I  L  L  A  M  O  S  T  E  M  D
Z  I  I  N  D  U  L  Á  S  E  B  G  T  Ó
N  K  M  I  V  G  H  C  Y  X  Ő  Y  U  K
I  A  V  W  I  R  I  X  G  P  R  D  R  C
S  P  J  G  G  N  J  I  V  E  Ö  D  I  J
F  C  M  S  A  C  X  D  A  D  N  D  S  U
B  S  Ú  U  U  A  Z  V  L  Í  D  P  T  N
I  O  Z  Z  O  K  J  X  U  C  V  R  A  L
T  L  E  G  T  A  H  Á  T  I  Z  S  Á  K
K  Ó  U  J  L  A  U  J  A  Ó  X  L  A  T
H  D  M  R  E  P  Ü  L  Ő  G  É  P  L  A
V  Á  A  U  T  Ó  P  U  V  O  Ő  X  V  O
E  S  E  R  N  Y  Ő  M  E  N  N  I  K  J
```

MENNI	MÚZEUM
REPÜLŐGÉP	ÚSZNI
JEGY	ESERNYŐ
VALUTA	KIKAPCSOLÓDÁS
INDULÁS	HÁTIZSÁK
VÁM	TURISTA
EXPEDÍCIÓ	VILLAMOS
ÚTVONAL	BŐRÖND
TÓ	AUTÓ

82 - Famille

```
U G K F M G X F T T N K T A
N Y U N O K Á J A N A G E P
O E X F A A X K V A G H S A
K R H F É R J Z F G Y U T I
A M G Y E R M E K Y M N V K
T E Y A X L X B R A A O É X
E K E W N L E G E P M K R B
S K R A U Y E S V A A A D L
T O M P W A A N É N I Ö Y Á
V R E A N Y A I X G Ő C Y N
É X K P N A G Y B Á C S I Y
R Z E A U N O K A H Ú G H A
X M K E A E R V Y U T U P A
R U T P B S V P C I B P J L
```

ŐS	FÉRJ
UNOKATESTVÉR	ANYAI
GYERMEKKOR	ANYA
GYERMEK	UNOKAÖCS
GYERMEKEK	UNOKAHÚG
FELESÉG	NAGYBÁCSI
LÁNYA	APAI
TESTVÉR	UNOKÁJA
NAGYMAMA	APA
NAGYAPA	NÉNI

83 - Oiseaux

```
S L K H V H Y E T W S F S G
E I Y C K A K U K K I L P C
W B Z R V T U K Á N R A I A
K A C S A T N F Z L Á M N M
C W L A R Y T S T P L I G A
O C T P J Ú T K J A Y N V V
S J A B Ú K L B G P L G I Z
T G T S A S W A A A R Ó N M
R É Ó O V U Y G L G P W H D
U M E L J E K Z A Á Á C T O
C Y B G Y Á R H M J V C N X
C P O I R A S É B M A O A J
P E L I K Á N O B G K A A B
C S I R K E L C Z G E D S V
```

SAS	PINGVIN
STRUCC	VERÉB
KACSA	SIRÁLY
GÓLYA	TOJÁS
GALAMB	LIBA
VARJÚ	PÁVA
KAKUKK	PAPAGÁJ
HATTYÚ	PELIKÁN
FLAMINGÓ	CSIRKE
GÉM	TUKÁN

84 - Disciplines Scientifiques

```
C  J  R  Ö  I  C  S  A  R  M  O  B  N  G
S  D  É  Á  K  B  F  N  P  E  D  M  E  E
I  U  G  L  É  O  V  A  K  C  T  E  U  O
L  I  É  L  M  T  L  T  H  Z  T  R  L
L  E  S  A  I  A  G  Ó  U  A  Y  E  O  Ó
A  B  Z  T  A  N  J  M  G  N  N  O  L  G
G  I  E  T  A  I  T  I  J  I  V  R  Ó  I
Á  O  T  A  Z  K  X  A  R  K  A  O  G  A
S  L  D  N  W  A  N  C  D  A  F  L  I  U
Z  Ó  Á  S  V  Á  N  Y  T  A  N  Ó  A  U
A  G  P  S  Z  I  C  H  O  L  Ó  G  I  A
T  I  I  M  M  U  N  O  L  Ó  G  I  A  H
V  A  B  I  O  K  É  M  I  A  A  A  V  M
T  E  R  M  O  D  I  N  A  M  I  K  A  M
```

ANATÓMIA	IMMUNOLÓGIA
RÉGÉSZET	MECHANIKA
CSILLAGÁSZAT	METEOROLÓGIA
BIOKÉMIA	ÁSVÁNYTAN
BIOLÓGIA	NEUROLÓGIA
BOTANIKA	PSZICHOLÓGIA
KÉMIA	TERMODINAMIKA
ÖKOLÓGIA	ÁLLATTAN
GEOLÓGIA	

85 - Émotions

```
G F G N E S O H A V Ö J Z S
Y Y V I L B Z A V A R T X Z
E F R M É K M I W V Ö C B E
N N Y U G O D T M T M D J R
G H Y C E D N A D P A J U E
É Á B K D G O P I K Á D Z T
D L Z M E I Z G A T O T T E
S Á W D T W Z J A E I A I T
É S B S T R K W U S Z R X A
G M E G L E P E T É S T P O
F É L E L E M M H A R A G X
V T T G U N A L O M E L I W
N Y U G A L O M Z W B O G R
R O R C Y B É K E A W M J V
```

SZERETET	BÉKE
NYUGODT	FÉLELEM
HARAG	HÁLÁS
TARTALOM	ELÉGEDETT
ZAVART	MEGLEPETÉS
UNALOM	SZIMPÁTIA
IZGATOTT	GYENGÉDSÉG
ÖRÖM	NYUGALOM

86 - Géographie

```
T E N G E R B K C E N O S T
E Y T T N U F O L Y Ó Y E J
T É R K É P R N D É L K S F
V V I D É K I T Y G C G U P
H Á I X I N A I A U B G F A
A R T L L G M N Z W G E É W
O O F O Á A W E H S M A L Ó
H S K C P G G N A F A T T C
F F S Z É L E S S É G L E E
I K D Z F Z J V X S A A K Á
C M E R I D I Á N Z S S E N
H E G Y Y G I A X A S Z Z C
O R S Z Á G E R S K Á H Z E
T E R Ü L E T T H K G X B X
```

MAGASSÁG	VILÁG
ATLASZ	HEGY
TÉRKÉP	ÉSZAK
KONTINENS	ÓCEÁN
FOLYÓ	NYUGAT
FÉLTEKE	ORSZÁG
SZIGET	VIDÉK
SZÉLESSÉG	DÉL
TENGER	TERÜLET
MERIDIÁN	VÁROS

87 - Danse

```
V  R  I  T  M  U  S  H  L  K  D  M  K  I
K  I  P  R  Ó  B  A  A  C  G  S  O  I  V
D  U  D  K  M  O  Z  G  Á  S  P  Z  F  M
J  S  S  Á  Z  G  S  Y  F  G  A  T  E  Ű
A  X  K  H  M  J  R  O  K  K  R  E  J  V
K  U  L  T  Ú  R  A  M  F  L  T  S  E  É
A  E  U  L  P  O  U  Á  É  A  N  T  Z  S
D  T  G  S  F  D  V  N  R  S  E  T  Ő  Z
É  W  L  Y  Z  L  P  Y  Z  S  R  A  V  E
M  O  C  X  E  S  X  O  E  Z  F  R  B  T
I  R  K  J  N  L  D  S  L  I  F  T  F  E
A  N  B  R  E  V  E  N  E  K  I  Á  B  S
R  P  K  Y  Z  I  P  M  M  U  R  S  I  T
K  U  L  T  U  R  Á  L  I  S  G  C  N  X
```

AKADÉMIA	VIDÁM
MŰVÉSZET	MOZGÁS
KLASSZIKUS	ZENE
TEST	PARTNER
KULTÚRA	TESTTARTÁS
KULTURÁLIS	PRÓBA
KIFEJEZŐ	RITMUS
ÉRZELEM	HAGYOMÁNYOS
KEGYELEM	

88 - Bâtiments

```
I  J  E  M  X  M  M  K  L  A  K  Á  S  G
V  I  I  Ú  O  R  O  S  Ó  I  F  G  H  D
G  Z  H  Z  D  D  C  Z  Z  R  K  S  C  S
E  G  Y  E  T  E  M  U  I  T  H  Z  V  T
I  R  L  U  J  G  X  P  S  O  V  Á  R  A
M  F  J  M  V  P  G  E  K  R  S  L  Z  D
T  Ű  P  A  J  T  A  R  O  O  Y  L  S  I
N  K  H  D  M  K  R  M  L  N  G  O  Z  O
S  J  X  E  W  M  Á  A  A  Y  F  D  Í  N
G  Y  Á  R  L  X  Z  R  S  G  B  A  N  L
B  N  U  P  S  Y  S  K  Á  U  L  O  H  O
N  A  G  Y  K  Ö  V  E  T  S  É  G  Á  I
K  A  B  I  N  A  C  T  O  K  Y  S  Z  Z
L  A  B  O  R  A  T  Ó  R  I  U  M  G  M
```

NAGYKÖVETSÉG	SZÁLLODA
LAKÁS	LABORATÓRIUM
MŰHELY	MÚZEUM
KABIN	STADION
VÁR	SZUPERMARKET
MOZI	SÁTOR
ISKOLA	SZÍNHÁZ
GARÁZS	TORONY
PAJTA	EGYETEM
KÓRHÁZ	GYÁR

89 - Pêche

Á	S	S	F	E	F	W	K	A	D	Y	K	F	O
L	Ú	Z	T	Ó	F	P	O	Y	R	B	O	E	W
L	L	R	A	R	M	X	S	L	Ó	O	P	L	E
K	Y	G	J	K	A	C	Á	V	T	W	O	S	C
A	V	H	C	H	Á	N	R	Í	D	K	L	Z	M
P	T	B	O	O	W	C	D	Z	O	R	T	E	H
O	I	L	O	R	S	T	S	L	A	F	Y	R	A
C	S	J	F	O	L	Y	Ó	S	B	U	Ú	E	J
S	S	P	V	G	T	Ú	L	Z	Á	S	K	L	Ó
J	X	A	A	T	Ü	R	E	L	E	M	X	É	F
U	A	D	L	P	Ó	C	E	Á	N	X	I	S	H
A	P	P	E	I	É	V	S	Z	A	K	W	O	U
Z	T	T	B	G	T	E	V	M	P	M	O	U	O
S	G	U	S	E	F	Z	X	F	P	M	H	T	T

CSALI
HAJÓ
KOPOLTYÚK
HOROG
SZAKÁCS
VÍZ
TÚLZÁS
FELSZERELÉS
DRÓT

FOLYÓ
TÓ
ÁLLKAPOCS
ÓCEÁN
KOSÁR
TÜRELEM
STRAND
SÚLY
ÉVSZAK

90 - Activités et Loisirs

```
U  K  M  H  T  S  V  E  R  S  E  N  Y  S
T  E  F  U  T  B  A  L  L  O  H  S  E  Z
A  R  B  P  E  P  F  F  S  L  O  N  M  Ö
Z  T  A  L  N  K  I  E  L  N  B  Y  E  R
Á  É  S  J  I  O  Z  H  S  G  B  R  S  F
S  S  E  K  S  S  G  V  E  T  I  X  X  Ö
B  Z  B  E  Z  Á  T  C  Y  N  M  W  T  Z
Ú  K  A  M  H  R  Y  Ú  L  G  T  É  T  É
S  E  L  P  T  L  F  H  R  G  M  E  N  S
Z  D  L  I  U  A  B  R  O  Á  D  R  T  Y
Á  É  E  N  U  B  G  O  L  F  Z  K  O  Ő
S  S  N  G  U  D  B  O  K  S  Z  Á  J  F
M  J  N  B  H  A  L  Á  S  Z  A  T  S  M
Y  D  R  Ö  P  L  A  B  D  A  L  S  H  Z
```

BASEBALL	HOBBI
KOSÁRLABDA	FESTMÉNY
BOKSZ	HALÁSZAT
KEMPING	TÚRÁZÁS
VERSENY	PIHENTETŐ
FUTBALL	SZÖRFÖZÉS
GOLF	TENISZ
KERTÉSZKEDÉS	RÖPLABDA
ÚSZÁS	UTAZÁS

91 - Livres

```
K  Ö  L  T  É  S  Z  E  T  R  É  F  Á  S
V  L  Y  O  N  K  O  N  T  E  X  T  U  S
G  Z  I  T  A  L  Á  L  É  K  O  N  Y  B
T  Y  T  Ö  R  T  É  N  E  T  G  D  S  D
S  U  Ű  X  R  S  Z  E  R  Z  Ő  K  R  B
O  T  H  J  Á  R  B  H  O  L  V  A  S  Ó
R  P  F  Z  T  Ö  R  T  É  N  E  L  M  I
O  E  T  V  O  E  G  J  M  N  R  A  F  U
Z  X  G  R  R  L  M  F  K  G  S  N  J  J
A  A  J  É  Y  U  B  É  Z  O  L  D  A  L
T  Z  J  S  N  X  A  T  N  N  C  O  J  B
L  J  I  V  V  Y  L  V  U  Y  P  F  I  G
I  D  E  V  O  N  A  T  K  O  Z  Ó  C  L
E  P  I  K  U  S  I  R  O  D  A  L  M  I
```

SZERZŐ	OLVASÓ
KALAND	IRODALMI
GYŰJTEMÉNY	NARRÁTOR
KONTEXTUS	OLDAL
EPIKUS	IDE VONATKOZÓ
TÖRTÉNET	VERS
TÖRTÉNELMI	KÖLTÉSZET
TRÉFÁS	REGÉNY
TALÁLÉKONY	SOROZAT

92 - Pays #2

```
S  J  S  R  D  J  L  K  F  L  U  S  U  F
Z  S  A  L  B  Á  N  I  A  A  G  Z  K  R
U  N  L  M  J  K  Í  N  A  O  A  O  R  A
D  Z  F  G  A  Y  P  R  M  S  N  M  A  N
Á  H  U  T  P  I  L  G  I  Z  D  Á  J  C
N  A  O  A  Á  B  C  R  K  N  A  L  N  I
L  I  B  A  N  O  N  A  R  F  L  I  A  A
F  T  O  J  E  D  K  E  N  Y  A  A  S  O
M  I  O  R  O  S  Z  O  R  S  Z  Á  G  R
E  D  H  E  J  G  Z  Y  C  B  L  A  X  S
X  T  Á  J  R  T  K  Í  T  V  F  B  O  Z
I  S  F  N  Y  Í  R  O  R  S  Z  Á  G  Á
K  T  L  D  I  M  T  L  K  I  C  K  H  G
Ó  N  O  F  M  A  P  E  B  U  A  F  M  A
```

ALBÁNIA	LAOSZ
KÍNA	LIBANON
DÁNIA	MEXIKÓ
FRANCIAORSZÁG	UGANDA
HAITI	OROSZORSZÁG
ÍRORSZÁG	SZOMÁLIA
JAMAICA	SZUDÁN
JAPÁN	SZÍRIA
KENYA	UKRAJNA

93 - Fournitures d'Art

```
J  A  S  Z  T  A  L  R  U  O  P  Y  R  W
Ö  T  L  E  T  E  K  N  S  L  A  M  S  Y
C  E  R  U  Z  Á  K  E  R  A  P  Z  N  D
P  A  S  Z  T  E  L  L  C  J  Í  W  S  O
F  E  O  R  A  D  Í  R  X  S  R  S  Z  Z
A  K  V  A  R  E  L  L  E  K  E  V  Í  Z
S  K  W  G  V  H  J  W  J  A  K  T  N  J
Z  A  M  A  G  Y  A  G  T  B  K  R  E  L
É  M  T  S  Z  É  K  P  D  I  E  R  K  K
N  E  G  Z  E  O  V  I  C  D  N  E  I  P
Y  R  K  T  I  D  T  M  T  V  N  T  A  L
B  A  H  Ó  O  W  A  V  L  X  I  W  A  U
F  E  S  T  Ő  Á  L  L  V  Á  N  Y  K  P
K  R  E  A  T  I  V  I  T  Á  S  N  J  D
```

AKRIL	CERUZÁK
AKVARELLEK	KREATIVITÁS
AGYAG	VÍZ
ECSETEK	TINTA
KAMERA	RADÍR
SZÉK	OLAJ
FASZÉN	ÖTLETEK
FESTŐÁLLVÁNY	PAPÍR
RAGASZTÓ	PASZTELL
SZÍNEK	ASZTAL

94 - Jouets

```
R O B O T X X Y H A R K P D
S B A B A L A B D A V I U A
Á U E C P K K C Y G J E Z O
R E P Ü L Ő G É P Y V Ó Z J
K F V K L E Z J C A U H L Á
Á N A E E A T M K G P S E T
N M W D U K E R É K P Á R É
Y P A V Y A K C E R U Z Á K
F A V E L M H Ö D A T V U O
S U F N K I V F N O C R X K
A T R C V O N A T Y B N N B
K Ó G P W N V M D T V O N X
K K É P Z E L E T J D E K N
K É Z M Ű V E S S É G R K C
```

AGYAG   KÉPZELET
KÉZMŰVESSÉG   JÁTÉKOK
REPÜLŐGÉP   KÖNYVEK
LABDA   BABA
HAJÓ   PUZZLE
KAMION   ROBOT
SÁRKÁNY   DOBOK
CERUZÁK   VONAT
SAKK   KERÉKPÁR
KEDVENC   AUTÓ

95 - Eau

```
N  C  Y  J  Ó  C  E  Á  N  F  W  F  F  Ö
U  E  E  É  G  D  E  O  M  O  L  C  Z  N
T  Ó  D  G  Y  P  Á  R  O  L  G  Á  S  T
E  W  A  V  K  H  W  W  N  Y  G  R  D  Ö
P  E  V  A  E  W  Ó  O  S  Ó  W  V  F  Z
P  R  N  O  O  S  N  H  Z  K  F  Í  G  É
L  Z  L  D  C  Z  S  N  U  O  Z  Z  F  S
M  K  G  R  F  G  I  É  N  H  U  D  O  P
G  V  C  B  N  M  Y  P  G  I  H  A  T  Ó
B  E  R  N  E  D  V  E  S  F  A  G  Y  U
M  P  J  G  S  J  M  D  K  H  N  R  C  G
Y  U  H  Z  Ő  O  V  T  M  R  Y  G  Z  B
I  R  Y  E  Í  C  S  A  T  O  R  N  A  O
R  I  P  H  U  R  R  I  K  Á  N  G  Ő  Z
```

CSATORNA   ÖNTÖZÉS
ZUHANY   TÓ
PÁROLGÁS   MONSZUN
FOLYÓ   HÓ
FAGY   ÓCEÁN
GEJZÍR   HURRIKÁN
JÉG   ESŐ
NEDVES   IHATÓ
NEDVESSÉG   GŐZ
ÁRVÍZ

96 - Paysages

```
M U L I E B H T E N G E R V
N V O I P L I O S T L Y T Í
T W H Y T Z D Z Z O J Y O Z
Ó G E J Z Í R O D B L O R E
X W G S E L F Á M N A P K S
L R Y J T M N Z V B F S O É
F O L Y Ó R H I B Ö É Z L S
Y E H A I K A S H M L I A F
B A R L A N G N M O S G T V
G L E C C S E R D C Z E Y U
J É G H E G Y P V S I T F L
M K I P S V L I L Á G P V K
P B K F G O G N P R E X U Á
T U N D R A S I V A T A G N
```

VÍZESÉS	TÓ
DOMB	MOCSÁR
SIVATAG	TENGER
TORKOLAT	HEGY
FOLYÓ	OÁZIS
GEJZÍR	FÉLSZIGET
GLECCSER	STRAND
BARLANG	TUNDRA
JÉGHEGY	VÖLGY
SZIGET	VULKÁN

97 - Nombres

```
T  I  Z  E  N  N  Y  O  L  C  S  K  D  F
T  I  Z  E  N  Ö  T  W  J  T  Ö  E  B  L
I  I  S  M  W  H  Í  R  T  I  T  T  S  N
Z  T  Z  Y  W  B  Z  R  I  Z  E  T  K  É
E  I  N  E  W  L  G  E  Z  E  J  Ő  W  G
D  Z  U  N  N  T  I  Z  E  N  N  É  G  Y
E  E  L  P  H  H  É  T  N  K  E  D  E  G
S  N  L  R  V  A  É  N  K  I  W  R  M  F
V  H  A  X  T  T  K  T  E  L  K  J  H  C
R  A  H  Á  R  O  M  L  T  E  I  N  Ú  I
G  T  I  N  L  S  L  W  T  N  L  J  S  N
T  Z  R  E  Y  Z  X  M  Ő  C  E  W  Z  N
T  I  Z  E  N  H  Á  R  O  M  N  E  T  P
K  N  E  E  L  K  N  Y  O  L  C  P  K  A
```

ÖT	TIZENNÉGY
KETTŐ	NÉGY
TIZEDES	TIZENÖT
TÍZ	TIZENHAT
TIZENNYOLC	HÉT
TIZENKILENC	HAT
TIZENHÉT	TIZENHÁROM
TIZENKETTŐ	HÁROM
NYOLC	HÚSZ
KILENC	NULLA

98 - Nature

```
E U L H K X I D H T P Z S M
G L O M B O Z A T R F D Z É
M E N E D É K D D S Y B E H
E R D Ő X X K B E A P E N E
Z L M W R T H É B R X S T K
G L E C C S E R S K Ű K É D
J Á Y W S E W P S V U S L I
F E L H Ő K M T I I I Z Y N
O Z J L V Ö N K V D S É C A
L V V Y A D Y A A É C P V M
Y R C I D T G C T K P S Z I
Ó C E G K Z O D A I W É O K
T R Ó P U S I K G W C G X U
T E V K L B G E R Ó Z I Ó S
```

MÉHEK	FOLYÓ
MENEDÉK	ERDŐ
ÁLLATOK	GLECCSER
SARKVIDÉKI	FELHŐK
SZÉPSÉG	BÉKÉS
KÖD	SZENTÉLY
SIVATAG	VAD
DINAMIKUS	DERŰS
ERÓZIÓ	TRÓPUSI
LOMBOZAT	

99 - Bateaux

```
T  A  R  B  C  L  E  G  É  N  Y  S  É  G
E  C  T  Ó  K  A  J  A  K  T  C  I  T  T
N  J  F  J  C  H  D  D  Ö  E  Y  G  C  C
G  M  F  A  R  E  Y  S  T  N  N  A  V  N
E  C  E  G  H  P  Á  S  É  G  J  U  I  V
R  L  E  Z  P  G  F  N  L  E  T  J  T  C
I  W  H  O  R  G  O  N  Y  R  U  B  O  T
G  R  U  P  J  V  L  Z  G  É  T  A  R  Á
Y  S  L  F  G  R  Y  Y  W  S  A  P  L  R
W  A  L  M  V  P  Ó  H  I  Z  J  K  Á  B
A  K  Á  J  O  D  A  G  Á  L  Y  L  S  O
U  S  M  U  O  T  E  N  G  E  R  U  H  C
Y  X  O  T  B  F  O  J  A  C  H  T  X  O
M  U  K  O  M  P  E  R  R  S  M  H  G  I
```

HORGONY	TENGERÉSZ
BÓJA	ÁRBOC
KENU	TENGER
KÖTÉL	MOTOR
LEGÉNYSÉG	TENGERI
KOMP	ÓCEÁN
FOLYÓ	TUTAJ
KAJAK	HULLÁMOK
TÓ	VITORLÁS
DAGÁLY	JACHT

100 - Mesures

```
F  H  M  U  J  K  H  B  K  B  Á  J  T  H
O  Ü  A  N  T  H  I  A  I  Y  H  U  Ö  P
K  V  G  C  O  I  J  L  L  G  E  B  M  O
O  E  A  I  N  W  B  K  O  L  I  T  E  R
Z  L  S  A  N  T  Y  L  G  M  C  P  G  Z
A  Y  S  D  A  H  A  S  R  É  É  T  Y  T
T  K  Á  W  B  F  K  Z  A  R  K  T  R  W
Z  Y  G  T  K  Y  V  É  M  Ő  K  O  E  Z
J  N  Y  A  I  J  V  L  M  U  T  T  I  R
V  B  U  J  H  J  M  E  R  P  E  R  C  F
H  O  S  S  Z  R  X  S  L  G  I  W  S  U
M  É  L  Y  S  É  G  S  Ú  L  Y  N  W  E
I  C  E  N  T  I  M  É  T  E  R  R  T  S
T  I  Z  E  D  E  S  G  R  A  M  M  D  S
```

CENTIMÉTER	TÖMEG
FOKOZAT	MÉRŐ
TIZEDES	PERC
GRAMM	BÁJT
MAGASSÁG	UNCIA
KILOGRAMM	PINT
KILOMÉTER	SÚLY
SZÉLESSÉG	HÜVELYK
LITER	MÉLYSÉG
HOSSZ	TONNA

1 - Été

2 - Adjectifs #2

3 - Exploration

4 - Formes

5 - Salle de Bains

6 - Adjectifs #1

7 - Instruments de Musique

8 - Échecs

9 - Herboristerie

10 - Véhicules

11 - Camping

12 - Conservation

13 - Écologie

14 - Astronomie

15 - Types de Cheveux

16 - Restaurant #1

17 - Mammifères

18 - Sports

19 - Chocolat

20 - Mathématiques

21 - Mythologie

22 - Restaurant #2

23 - Couleurs

24 - Avions

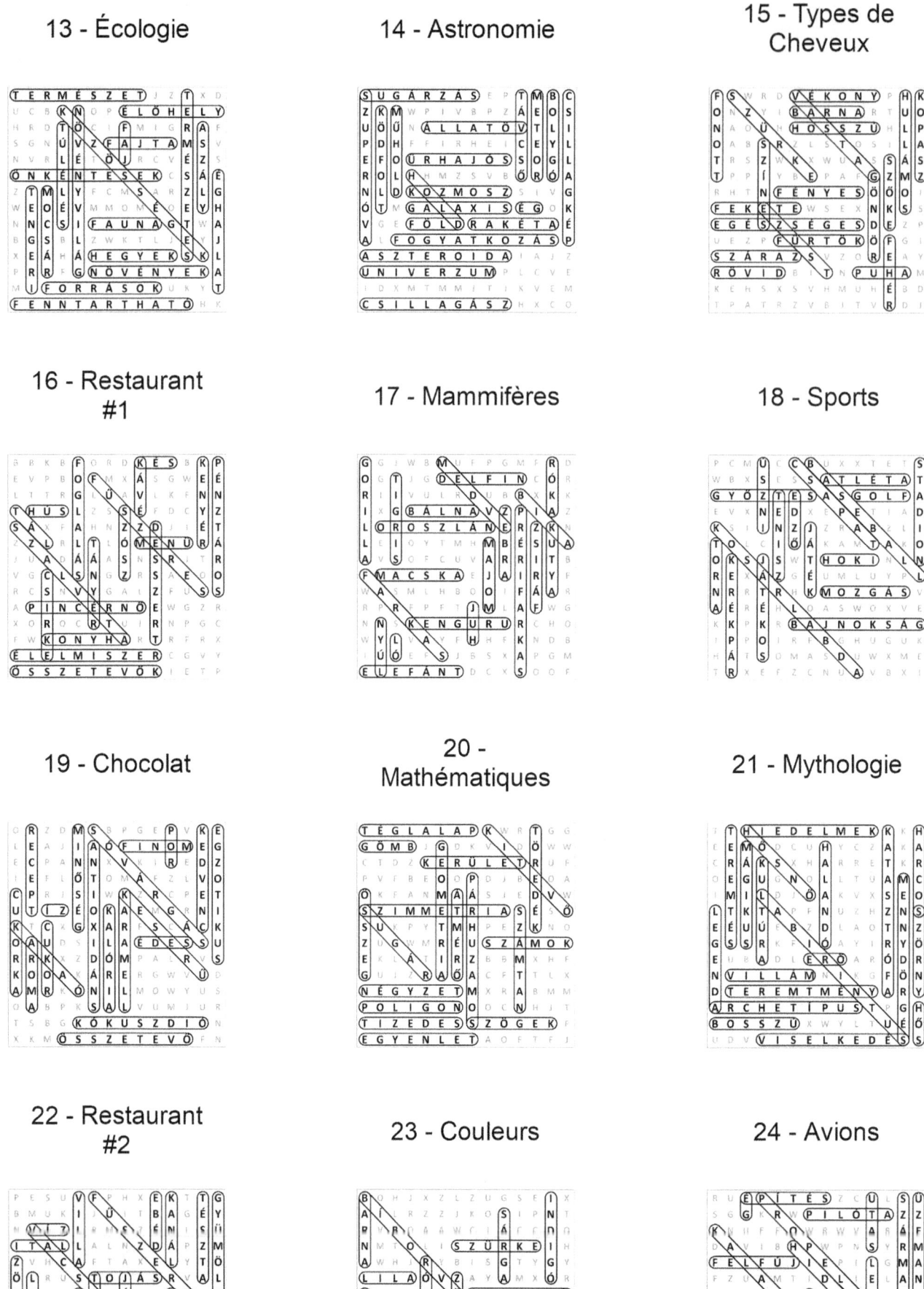

25 - Aventure

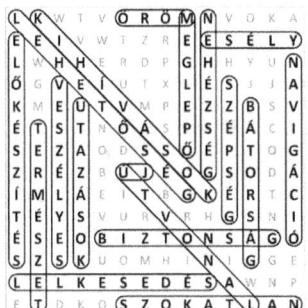

26 - Ville

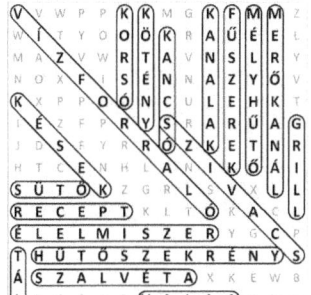

27 - Cuisine

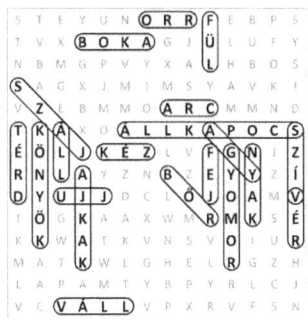

28 - Corps Humain

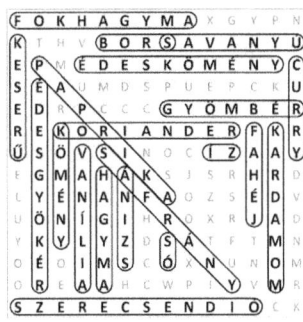

29 - Épices

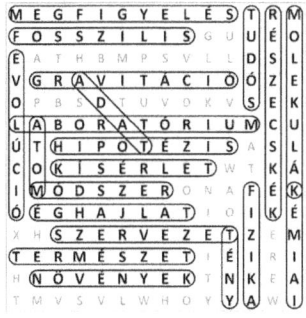

30 - Science

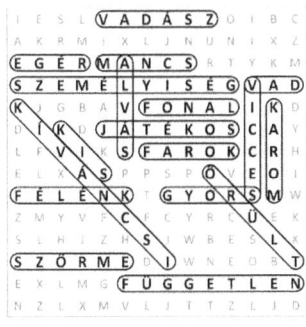

31 - Chats

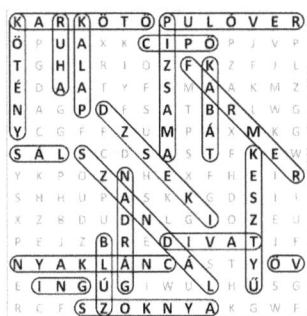

32 - Vêtements

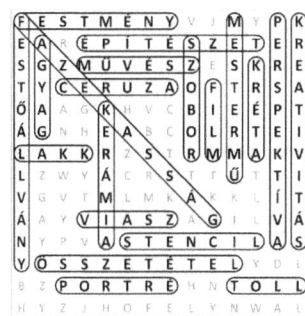

33 - Arts Visuels

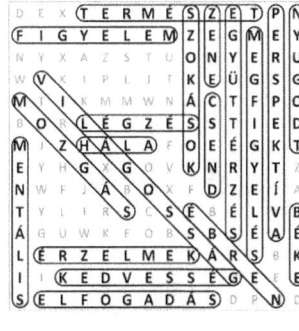

34 - Méditation

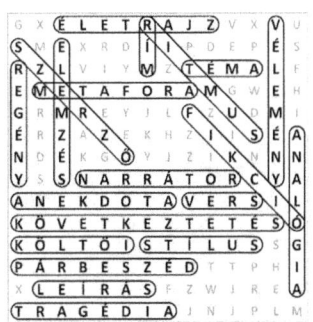

35 - Littérature

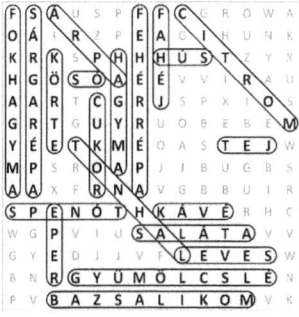

36 - Nourriture #1

37 - Jours et Mois

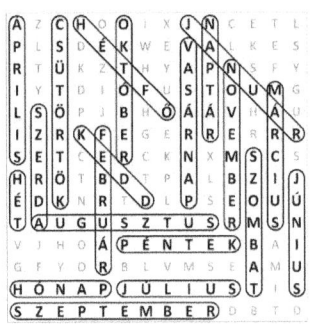

38 - Championnat

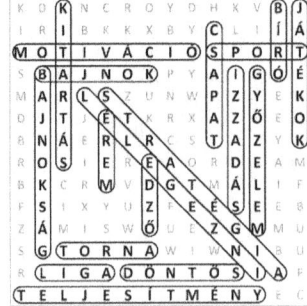

39 - Pirates

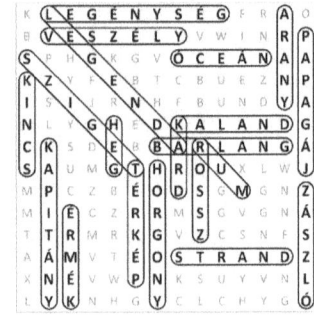

40 - Activités

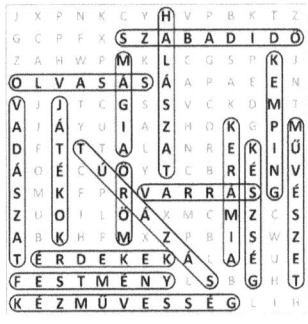

41 - Fleurs

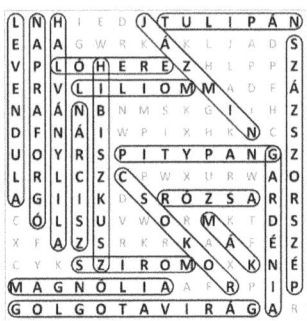

42 - Nourriture #2

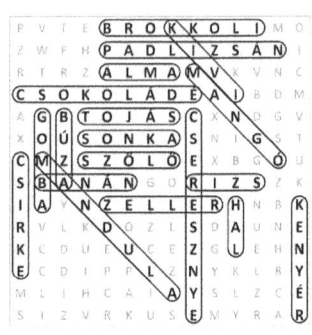

43 - Océan

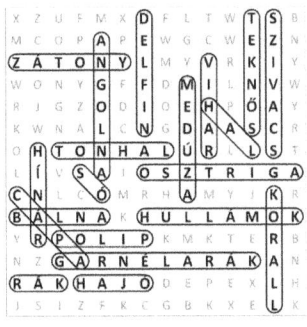

44 - Remplir

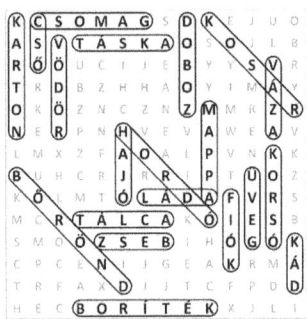

45 - Ballet

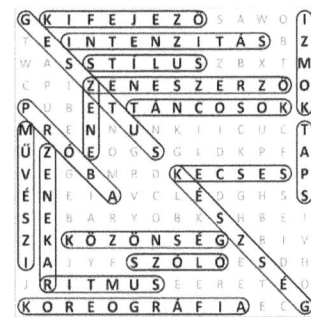

46 - Fruit

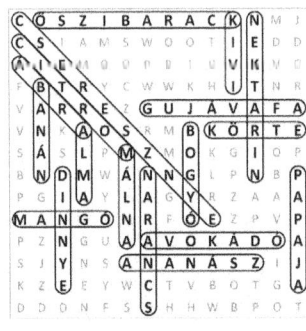

47 - Surf

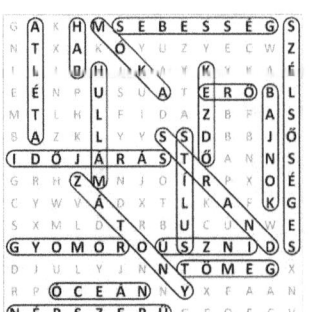

48 - Technologie

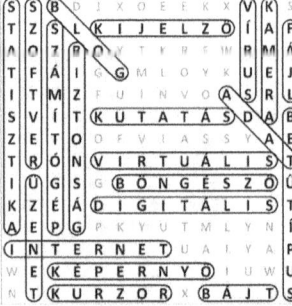

49 - Météo

50 - Châteaux

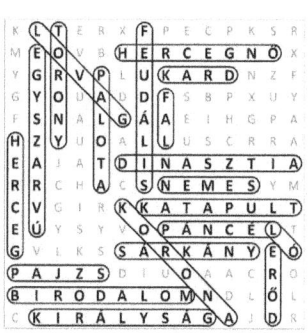

51 - Randonnée

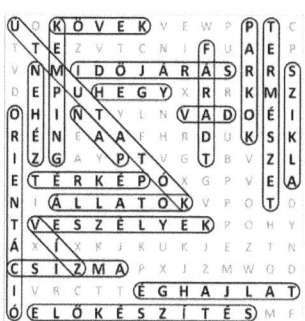

52 - Meubles

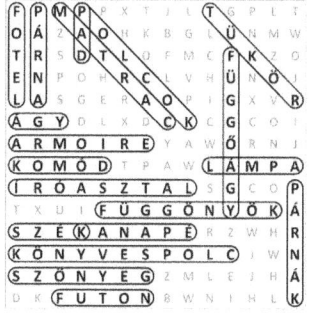

53 - Art

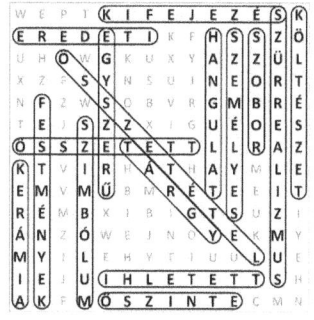

54 - Nutrition

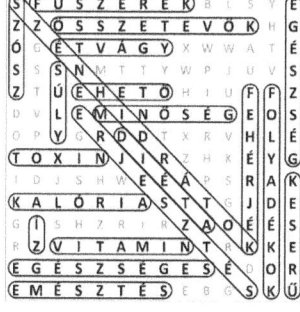

55 - Science Fiction

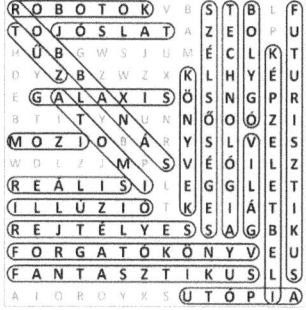

56 - Vertus #1

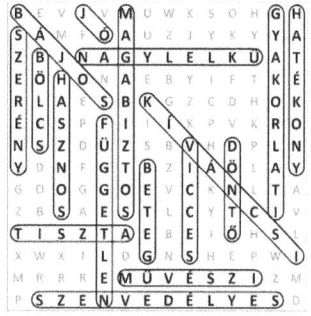

57 - Professions #1

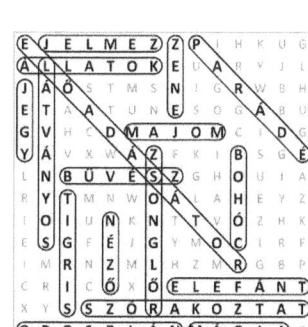

58 - Géologie

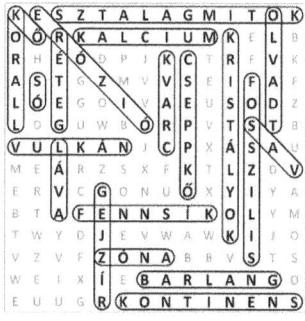

59 - Cirque

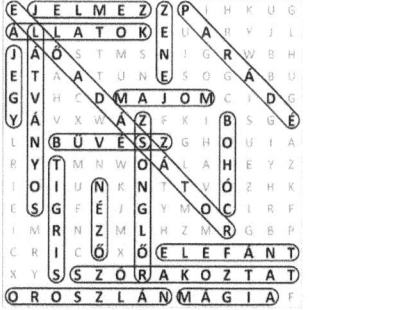

60 - Jardin

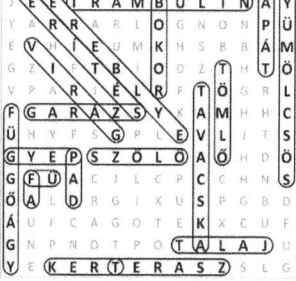

61 - Barbecues

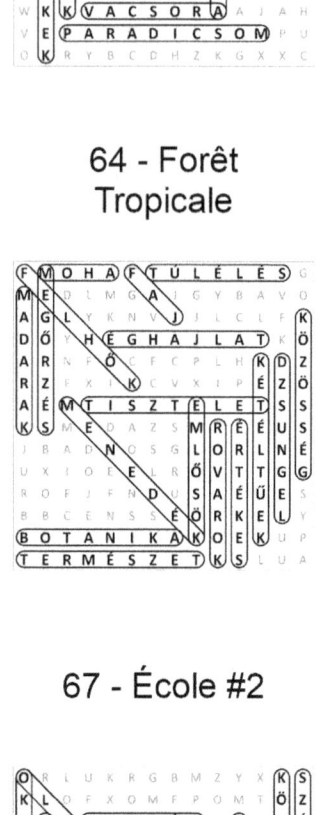

62 - Anniversaire

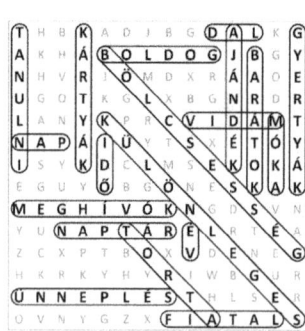

63 - Animaux de Compagnie

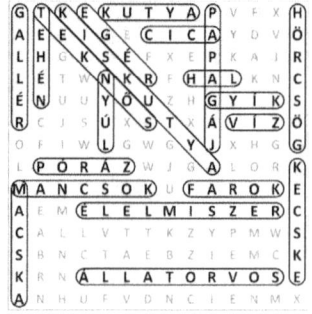

64 - Forêt Tropicale

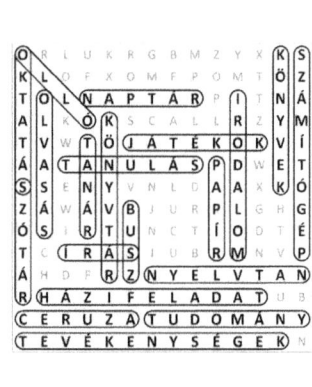

65 - Ferme #1

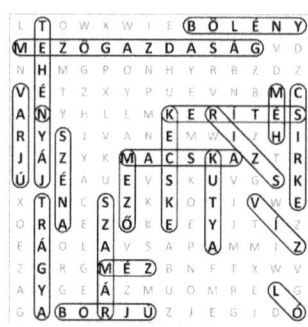

66 - Escalade

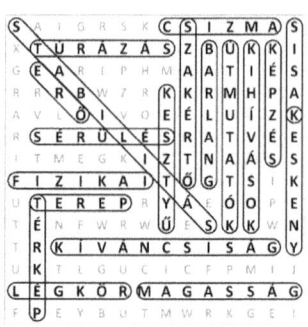

67 - École #2

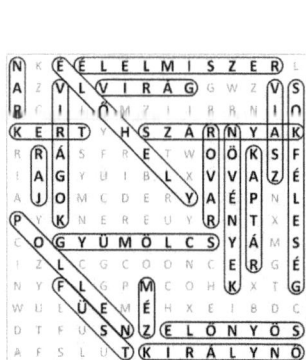

68 - Antarctique

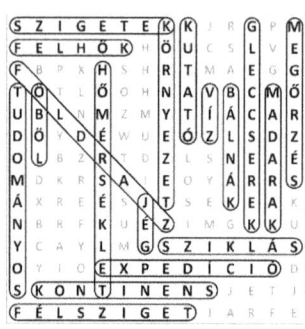

69 - Professions #2

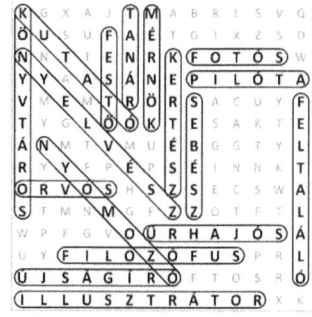

70 - Les Abeilles

71 - Dinosaures

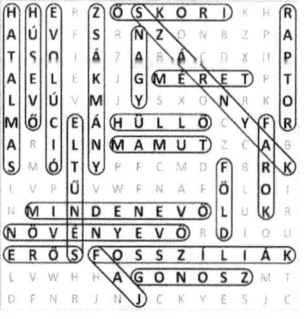

72 - Conduite

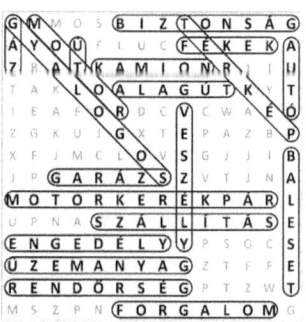

73 - Plantes

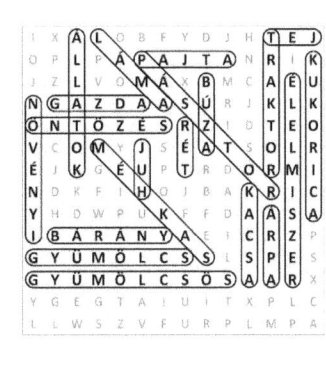

74 - Ferme #2

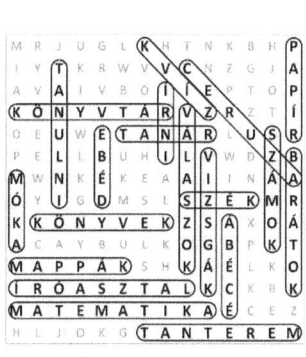

75 - École #1

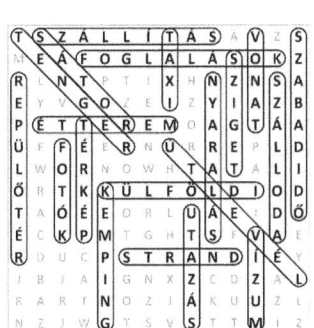

76 - Vacances #2

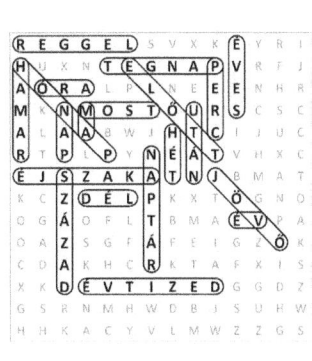

77 - Temps

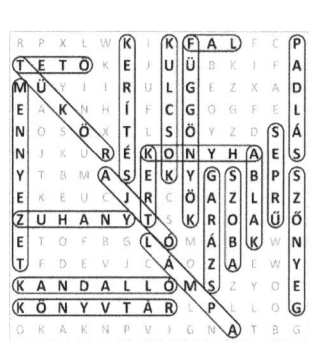

78 - Maison

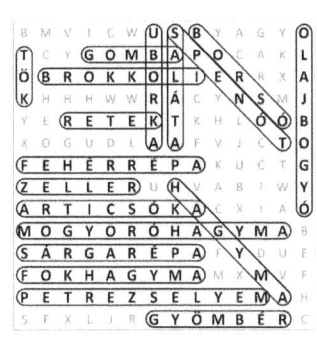

79 - Légumes

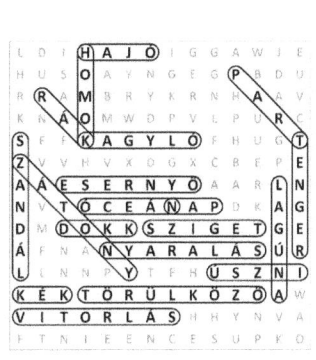

80 - Plage

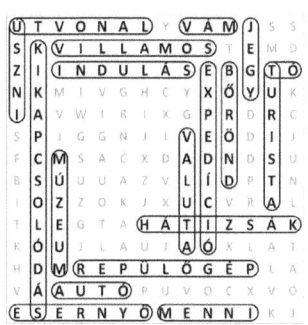

81 - Vacances #1

82 - Famille

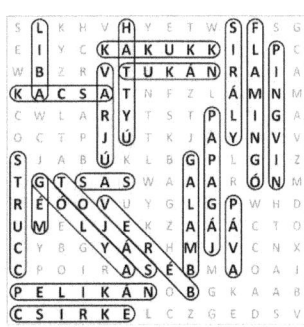

83 - Oiseaux

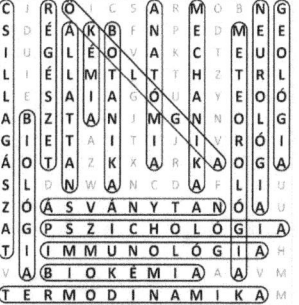

84 - Disciplines Scientifiques

85 - Émotions

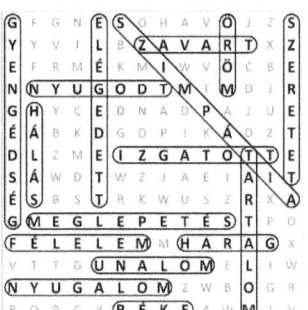

86 - Géographie

87 - Danse

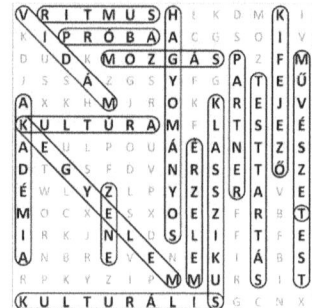

88 - Bâtiments

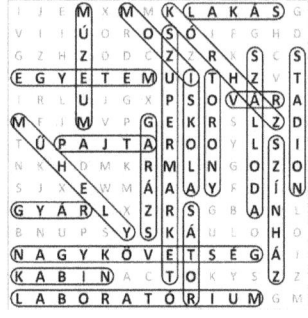

89 - Pêche

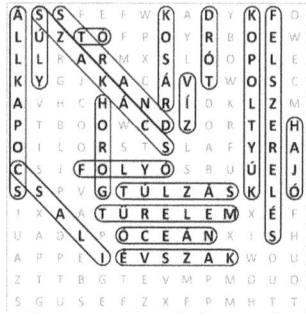

90 - Activités et Loisirs

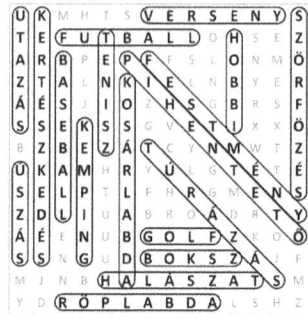

91 - Livres

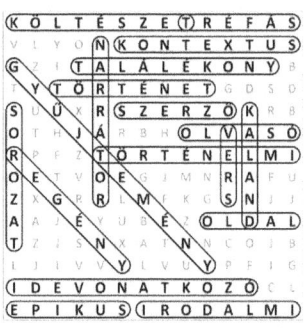

92 - Pays #2

93 - Fournitures d'Art

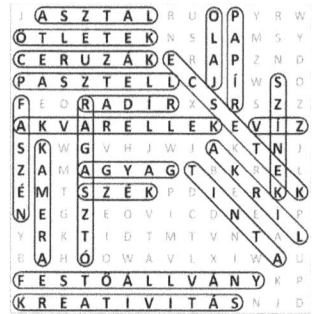

94 - Jouets

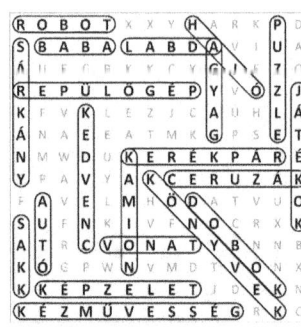

95 - Eau

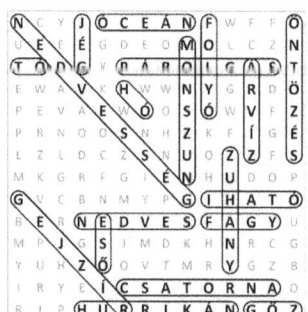

96 - Paysages

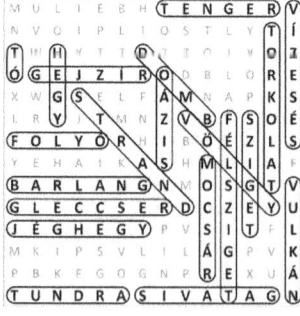

97 - Nombres

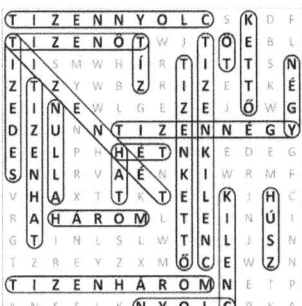

98 - Nature

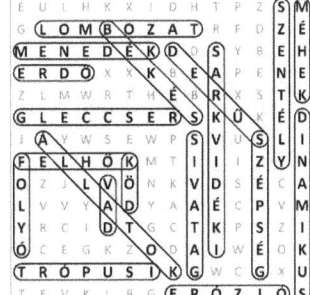

99 - Bateaux

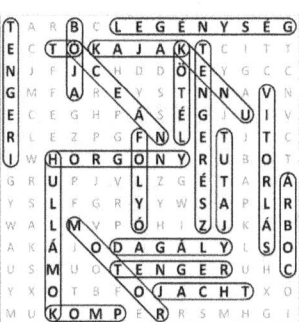

100 - Mesures

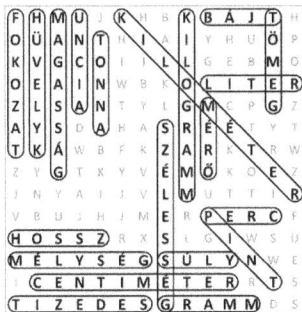

Dictionnaire

Activités
Tevékenységek

Activité	Tevékenység
Art	Művészet
Artisanat	Kézművesség
Camping	Kemping
Céramique	Kerámia
Chasse	Vadászat
Compétence	Készség
Couture	Varrás
Intérêts	Érdekek
Jardinage	Kertészkedés
Jeux	Játékok
Lecture	Olvasás
Loisir	Szabadidő
Magie	Mágia
Peinture	Festmény
Pêche	Halászat
Photographie	Fényképezés
Plaisir	Öröm
Randonnée	Túrázás
Relaxation	Kikapcsolódás

Activités et Loisirs
Tevékenységek és Szabadi

Art	Művészet
Base-Ball	Baseball
Basket-Ball	Kosárlabda
Boxe	Boksz
Camping	Kemping
Course	Verseny
Football	Futball
Golf	Golf
Jardinage	Kertészkedés
Nager	Úszás
Passe-Temps	Hobbi
Peinture	Festmény
Pêche	Halászat
Plongée	Búvárkodás
Randonnée	Túrázás
Relaxant	Pihentető
Surf	Szörfözés
Tennis	Tenisz
Volley-Ball	Röplabda
Voyage	Utazás

Adjectifs #1
Melléknevek #1

Absolu	Abszolút
Actif	Aktív
Ambitieux	Ambiciózus
Aromatique	Aromás
Artistique	Művészi
Attractif	Vonzó
Beau	Szép
Exotique	Egzotikus
Énorme	Óriási
Généreux	Nagylelkű
Honnête	Őszinte
Identique	Azonos
Important	Fontos
Innocent	Ártatlan
Jeune	Fiatal
Lent	Lassú
Lourd	Nehéz
Mince	Vékony
Moderne	Modern
Parfait	Tökéletes

Adjectifs #2
Melléknevek #2

Authentique	Hiteles
Célèbre	Híres
Créatif	Kreatív
Descriptif	Leíró
Doué	Tehetséges
Dramatique	Drámai
Élégant	Elegáns
Fier	Büszke
Fort	Erős
Intéressant	Érdekes
Naturel	Természetes
Nouveau	Új
Productif	Termelő
Pur	Tiszta
Responsable	Felelős
Sain	Egészséges
Salé	Sós
Sauvage	Vad
Sec	Száraz
Somnolent	Álmos

Animaux de Compagnie
Háziállatok

Chat	Macska
Chaton	Cica
Chèvre	Kecske
Chien	Kutya
Chiot	Kiskutya
Collier	Gallér
Eau	Víz
Hamster	Hörcsög
Laisse	Póráz
Lapin	Nyúl
Lézard	Gyík
Nourriture	Élelmiszer
Pattes	Mancsok
Perroquet	Papagáj
Poisson	Hal
Queue	Farok
Souris	Egér
Tortue	Teknős
Vache	Tehén
Vétérinaire	Állatorvos

Anniversaire
Születésnap

Amis	Barátok
Amusement	Móka
Année	Év
Apprendre	Tanulni
Bougies	Gyertyák
Cadeau	Ajándék
Calendrier	Naptár
Cartes	Kártyák
Chanson	Dal
Fête	Ünneplés
Gâteau	Torta
Heureux	Boldog
Invitations	Meghívók
Jeune	Fiatal
Jour	Nap
Joyeux	Vidám
Né	Született
Sagesse	Bölcsesség
Spécial	Különleges
Temps	Idő

Antarctique
Antarktisz

Baie	Öböl
Baleines	Bálnák
Chercheur	Kutató
Conservation	Megőrzés
Continent	Kontinens
Eau	Víz
Environnement	Környezet
Expédition	Expedíció
Géographie	Földrajz
Glace	Jég
Glaciers	Gleccserek
Îles	Szigetek
Migration	Migráció
Nuage	Felhők
Oiseaux	Madarak
Péninsule	Félsziget
Rocheux	Sziklás
Scientifique	Tudományos
Température	Hőmérséklet
Topographie	Topográfia

Art
Művészet

Céramique	Kerámia
Complexe	Összetett
Composition	Összetétel
Expression	Kifejezés
Honnête	Őszinte
Humeur	Hangulat
Inspiré	Ihletett
Original	Eredeti
Peintures	Festmények
Personnel	Személyes
Poésie	Költészet
Sculpture	Szobor
Simple	Egyszerű
Sujet	Tárgy
Surréalisme	Szürrealizmus
Symbole	Szimbólum
Visuel	Vizuális

Arts Visuels
Vizuális Művészetek

Architecture	Építészet
Argile	Agyag
Artiste	Művész
Céramique	Kerámia
Chef-D'Œuvre	Mestermű
Chevalet	Festőállvány
Cire	Viasz
Composition	Összetétel
Craie	Kréta
Crayon	Ceruza
Créativité	Kreativitás
Film	Film
Peinture	Festmény
Perspective	Perspektíva
Pochoir	Stencil
Portrait	Portré
Poterie	Fazekasság
Sculpture	Szobor
Stylo	Toll
Vernis	Lakk

Astronomie
Csillagászat

Astéroïde	Aszteroida
Astronaute	Űrhajós
Astronome	Csillagász
Ciel	Ég
Constellation	Csillagkép
Cosmos	Kozmosz
Éclipse	Fogyatkozás
Fusée	Rakéta
Galaxie	Galaxis
Lune	Hold
Météore	Meteor
Nébuleuse	Ködfolt
Planète	Bolygó
Radiation	Sugárzás
Satellite	Műhold
Supernova	Szupernóva
Terre	Föld
Télescope	Távcső
Univers	Univerzum
Zodiaque	Állatöv

Aventure
Kaland

Activité	Tevékenység
Beauté	Szépség
Bravoure	Bátorság
Chance	Esély
Dangereux	Veszélyes
Défis	Kihívások
Difficulté	Nehézség
Enthousiasme	Lelkesedés
Excursion	Kirándulás
Inhabituel	Szokatlan
Itinéraire	Útvonal
Joie	Öröm
Nature	Természet
Navigation	Navigáció
Nouveau	Új
Opportunité	Lehetőség
Préparation	Előkészítés
Sécurité	Biztonság
Surprenant	Meglepő
Voyages	Utazások

Avions
Repülőgépek

Air	Levegő
Atmosphère	Légkör
Atterrissage	Leszállás
Aventure	Kaland
Ballon	Ballon
Carburant	Üzemanyag
Ciel	Ég
Construction	Építés
Descente	Származás
Direction	Irány
Équipage	Legénység
Gonfler	Felfúj
Hauteur	Magasság
Hélices	Propellerek
Histoire	Történelem
Hydrogène	Hidrogén
Moteur	Motor
Passager	Utas
Pilote	Pilóta
Turbulence	Turbulencia

Ballet
Balett

Applaudissement	Taps
Artistique	Művészi
Ballerine	Balerina
Chorégraphie	Koreográfia
Compétence	Készség
Compositeur	Zeneszerző
Danseurs	Táncosok
Expressif	Kifejező
Geste	Gesztus
Gracieux	Kecses
Intensité	Intenzitás
Muscles	Izmok
Musique	Zene
Orchestre	Zenekar
Public	Közönség
Répétition	Próba
Rythme	Ritmus
Solo	Szóló
Style	Stílus
Technique	Technika

Barbecues
Grillezés

Chaud	Forró
Couteaux	Kések
Déjeuner	Ebéd
Dîner	Vacsora
Enfants	Gyermekek
Été	Nyár
Faim	Éhség
Famille	Család
Fruit	Gyümölcs
Gril	Grill
Jeux	Játékok
Légumes	Zöldségek
Musique	Zene
Oignons	Hagyma
Poivre	Bors
Poulet	Csirke
Salades	Saláták
Sauce	Szósz
Sel	Só
Tomates	Paradicsom

Bateaux
Csónakok

Ancre	Horgony
Bouée	Bója
Canoë	Kenu
Corde	Kötél
Équipage	Legénység
Ferry	Komp
Fleuve	Folyó
Kayak	Kajak
Lac	Tó
Marée	Dagály
Marin	Tengerész
Mât	Árboc
Mer	Tenger
Moteur	Motor
Nautique	Tengeri
Océan	Óceán
Radeau	Tutaj
Vagues	Hullámok
Voilier	Vitorlás
Yacht	Jacht

Bâtiments
Épületek

Ambassade	Nagykövetség
Appartement	Lakás
Atelier	Műhely
Cabine	Kabin
Château	Vár
Cinéma	Mozi
École	Iskola
Garage	Garázs
Grange	Pajta
Hôpital	Kórház
Hôtel	Szálloda
Laboratoire	Laboratórium
Musée	Múzeum
Stade	Stadion
Supermarché	Szupermarket
Tente	Sátor
Théâtre	Színház
Tour	Torony
Université	Egyetem
Usine	Gyár

Camping
Kemping

Animaux	Állatok
Aventure	Kaland
Boussole	Iránytű
Cabine	Kabin
Canoë	Kenu
Carte	Térkép
Chapeau	Kalap
Chasse	Vadászat
Corde	Kötél
Équipement	Felszerelés
Feu	Tűz
Forêt	Erdő
Hamac	Függőágy
Insecte	Rovar
Lac	Tó
Lanterne	Lámpa
Lune	Hold
Montagne	Hegy
Nature	Természet
Tente	Sátor

Championnat
Bajnokság

Champion	Bajnok
Championnat	Bajnokság
Endurance	Kitartás
Entraîneur	Edző
Équipe	Csapat
Finaliste	Döntős
Jeux	Játékok
Juge	Bíró
Ligue	Liga
Médaille	Érem
Motivation	Motiváció
Performance	Teljesítmény
Respirer	Lélegezni
Sports	Sport
Stratégie	Stratégia
Tournoi	Torna
Transpiration	Izzadás
Victoire	Győzelem

Chats
Macskák

Chasseur	Vadász
Curieux	Kíváncsi
Dormir	Alvás
Drôle	Vicces
Espiègle	Játékos
Fil	Fonal
Fou	Őrült
Fourrure	Szőrme
Griffe	Karom
Indépendant	Független
Patte	Mancs
Personnalité	Személyiség
Peu	Kis
Queue	Farok
Rapide	Gyors
Sauvage	Vad
Souris	Egér
Timide	Félénk

Châteaux
Kastélyok

Armure	Páncél
Bouclier	Pajzs
Catapulte	Katapult
Cheval	Ló
Chevalier	Lovag
Couronne	Korona
Dragon	Sárkány
Dynastie	Dinasztia
Empire	Birodalom
Épée	Kard
Féodal	Feudális
Forteresse	Erőd
Licorne	Egyszarvú
Mur	Fal
Noble	Nemes
Palais	Palota
Prince	Herceg
Princesse	Hercegnő
Royaume	Királyság
Tour	Torony

Chocolat
Csokoládé

Amer	Keserű
Antioxydant	Antioxidáns
Arôme	Aroma
Bonbon	Cukorka
Cacao	Kakaó
Calories	Kalória
Caramel	Karamell
Délicieux	Finom
Doux	Édes
Envie	Sóvárgás
Exotique	Egzotikus
Favori	Kedvenc
Goût	Íz
Ingrédient	Összetevő
Noix de Coco	Kókuszdió
Poudre	Por
Qualité	Minőség
Recette	Recept
Sucre	Cukor

Cirque
Cirkusz

Acrobate	Akrobata
Animaux	Állatok
Ballons	Léggömbök
Billet	Jegy
Clown	Bohóc
Costume	Jelmez
Divertir	Szórakoztat
Éléphant	Elefánt
Jongleur	Zsonglőr
Lion	Oroszlán
Magicien	Bűvész
Magie	Mágia
Montrer	Előadás
Musique	Zene
Parade	Parádé
Singe	Majom
Spectaculaire	Látványos
Spectateur	Néző
Tente	Sátor
Tigre	Tigris

Conduite
Vezetés

Accident	Baleset
Camion	Kamion
Carburant	Üzemanyag
Carte	Térkép
Danger	Veszély
Freins	Fékek
Garage	Garázs
Gaz	Gáz
Licence	Engedély
Moteur	Motor
Moto	Motorkerékpár
Piéton	Gyalogos
Police	Rendőrség
Route	Út
Sécurité	Biztonság
Trafic	Forgalom
Transport	Szállítás
Tunnel	Alagút
Vitesse	Sebesség
Voiture	Autó

Conservation
Természetvédelmi

Bénévole	Önkéntes
Changements	Változások
Climat	Éghajlat
Cycle	Ciklus
Durable	Fenntartható
Eau	Víz
Environnemental	Környezeti
Écosystème	Ökoszisztéma
Éducation	Oktatás
Habitat	Élőhely
Naturel	Természetes
Organique	Szerves
Pesticide	Peszticid
Pollution	Szennyezés
Recycler	Újrahasznosít
Réduire	Csökkentés
Santé	Egészség
Vert	Zöld

Corps Humain
Emberi Test

Bouche	Száj
Cerveau	Agy
Cheville	Boka
Cou	Nyak
Coude	Könyök
Cœur	Szív
Doigt	Ujj
Estomac	Gyomor
Épaule	Váll
Genou	Térd
Lèvres	Ajkak
Main	Kéz
Mâchoire	Állkapocs
Menton	Áll
Nez	Orr
Oreille	Fül
Peau	Bőr
Sang	Vér
Tête	Fej
Visage	Arc

Couleurs
Színek

Beige	Bézs
Blanc	Fehér
Bleu	Kék
Cyan	Cián
Fuchsia	Fukszia
Gris	Szürke
Indigo	Indigó
Jaune	Sárga
Magenta	Bíborvörös
Marron	Barna
Noir	Fekete
Orange	Narancs
Rose	Rózsaszín
Rouge	Piros
Sépia	Szépia
Vert	Zöld
Violet	Lila

Cuisine
Konyha

Bol	Tál
Bouilloire	Vízforraló
Congélateur	Mélyhűtő
Couteaux	Kések
Cruche	Kancsó
Cuillères	Kanalak
Épices	Fűszerek
Éponge	Szivacs
Four	Sütő
Fourchettes	Villa
Gril	Grill
Louche	Merőkanál
Nourriture	Élelmiszer
Pot	Korsó
Recette	Recept
Réfrigérateur	Hűtőszekrény
Serviette	Szalvéta
Tablier	Kötény
Tasses	Csészék

Danse
Tánc

Académie	Akadémia
Art	Művészet
Chorégraphie	Koreográfia
Classique	Klasszikus
Corps	Test
Culture	Kultúra
Culturel	Kulturális
Expressif	Kifejező
Émotion	Érzelem
Grâce	Kegyelem
Joyeux	Vidám
Mouvement	Mozgás
Musique	Zene
Partenaire	Partner
Posture	Testtartás
Répétition	Próba
Rythme	Ritmus
Traditionnel	Hagyományos
Visuel	Vizuális

Dinosaures
Dinoszauruszok

Ailes	Szárnyak
Carnivore	Húsevő
Disparition	Eltűnés
Espèce	Faj
Énorme	Hatalmas
Évolution	Evolúció
Fossiles	Fosszíliák
Grand	Nagy
Herbivore	Növényevő
Mammouth	Mamut
Omnivore	Mindenevő
Préhistorique	Őskori
Proie	Zsákmány
Puissant	Erős
Queue	Farok
Rapace	Raptor
Reptile	Hüllő
Taille	Méret
Terre	Föld
Vicieux	Gonosz

Disciplines Scientifiques
Tudományos Tudományágak

Anatomie	Anatómia
Archéologie	Régészet
Astronomie	Csillagászat
Biochimie	Biokémia
Biologie	Biológia
Botanique	Botanika
Chimie	Kémia
Écologie	Ökológia
Géologie	Geológia
Immunologie	Immunológia
Linguistique	Nyelvészet
Mécanique	Mechanika
Météorologie	Meteorológia
Minéralogie	Ásványtan
Neurologie	Neurológia
Physiologie	Fiziológia
Psychologie	Pszichológia
Sociologie	Szociológia
Thermodynamiq ue	Termodinamika
Zoologie	Állattan

Eau
Víz

Canal	Csatorna
Douche	Zuhany
Évaporation	Párolgás
Fleuve	Folyó
Gel	Fagy
Geyser	Gejzír
Glace	Jég
Humide	Nedves
Humidité	Nedvesség
Inondation	Árvíz
Irrigation	Öntözés
Lac	Tó
Mousson	Monszun
Neige	Hó
Océan	Óceán
Ouragan	Hurrikán
Pluie	Eső
Potable	Iható
Vagues	Hullámok
Vapeur	Gőz

Escalade
Hegymászás

Altitude	Magasság
Atmosphère	Légkör
Blessure	Sérülés
Bottes	Csizma
Carte	Térkép
Casque	Sisak
Curiosité	Kíváncsiság
Défis	Kihívások
Expert	Szakértő
Étroit	Keskeny
Force	Erő
Formation	Képzés
Gants	Kesztyű
Grotte	Barlang
Guides	Útmutatók
Physique	Fizikai
Randonnée	Túrázás
Stabilité	Stabilitás
Terrain	Terep

Exploration
Felfedezés

Activité	Tevékenység
Animaux	Állatok
Apprendre	Tanulni
Courage	Bátorság
Cultures	Kultúrák
Dangers	Veszélyek
Découverte	Felfedezés
Détermination	Meghatározás
Espace	Tér
Excitation	Izgalom
Épuisement	Kimerültség
Inconnu	Ismeretlen
Langue	Nyelv
Lointain	Távoli
Nouveau	Új
Périlleux	Veszélyes
Sauvage	Vad
Terrain	Terep
Voyage	Utazás

Échecs
Sakk

Adversaire	Ellenfél
Apprendre	Tanulni
Blanc	Fehér
Champion	Bajnok
Concours	Verseny
Défis	Kihívások
Diagonal	Átlós
Intelligent	Okos
Jeu	Játék
Joueur	Játékos
Noir	Fekete
Passif	Passzív
Points	Pontok
Reine	Királynő
Règles	Szabályok
Roi	Király
Sacrifice	Áldozat
Stratégie	Stratégia
Temps	Idő
Tournoi	Torna

École #1
Iskola #1

Alphabet	Ábécé
Amis	Barátok
Amusement	Móka
Apprendre	Tanulni
Bibliothèque	Könyvtár
Bureau	Íróasztal
Chaise	Szék
Crayon	Ceruza
Déjeuner	Ebéd
Dossiers	Mappák
Enseignant	Tanár
Examens	Vizsgák
Écrire	Írni
Livres	Könyvek
Math	Matematika
Nombres	Számok
Papier	Papír
Quiz	Kvíz
Réponses	Válaszok
Salle de Classe	Tanterem

École #2
Iskola #2

Activités	Tevékenységek
Apprentissage	Tanulás
Bibliothèque	Könyvtár
Bus	Busz
Calendrier	Naptár
Ciseaux	Olló
Crayon	Ceruza
Devoirs	Házi Feladat
Dictionnaire	Szótár
Enseignant	Tanár
Écriture	Írás
Éducation	Oktatás
Grammaire	Nyelvtan
Jeux	Játékok
Lecture	Olvasás
Littérature	Irodalom
Livres	Könyvek
Ordinateur	Számítógép
Papier	Papír
Science	Tudomány

Écologie
Ökológia

Bénévoles	Önkéntesek
Climat	Éghajlat
Communautés	Közösségek
Diversité	Sokféleség
Durable	Fenntartható
Espèce	Faj
Faune	Fauna
Flore	Növényvilág
Habitat	Élőhely
Marais	Mocsár
Marin	Tengeri
Montagnes	Hegyek
Nature	Természet
Naturel	Természetes
Plantes	Növények
Ressources	Források
Sécheresse	Aszály
Survie	Túlélés
Variété	Fajta
Végétation	Növényzet

Émotions
Érzelmek

Amour	Szeretet
Calme	Nyugodt
Colère	Harag
Contenu	Tartalom
Embarrassé	Zavart
Ennui	Unalom
Excité	Izgatott
Gentillesse	Kedvesség
Joie	Öröm
Paix	Béke
Peur	Félelem
Reconnaissant	Hálás
Satisfait	Elégedett
Surprise	Meglepetés
Sympathie	Szimpátia
Tendresse	Gyengédség
Tranquillité	Nyugalom
Tristesse	Szomorúság

Épices
Fűszerek

Aigre	Savanyú
Ail	Fokhagyma
Amer	Keserű
Anis	Ánizs
Cannelle	Fahéj
Cardamome	Kardamom
Coriandre	Koriander
Cumin	Kömény
Curry	Curry
Fenouil	Édeskömény
Gingembre	Gyömbér
Muscade	Szerecsendió
Oignon	Hagyma
Paprika	Paprika
Poivre	Bors
Réglisse	Édesgyökér
Safran	Sáfrány
Saveur	Íz
Sel	Só
Vanille	Vanília

Été
Nyár

Amis	Barátok
Camping	Kemping
Étoiles	Csillagok
Famille	Család
Jardin	Kert
Jeux	Játékok
Joie	Öröm
Livres	Könyvek
Loisir	Szabadidő
Mer	Tenger
Musique	Zene
Nager	Úszni
Nourriture	Élelmiszer
Plage	Strand
Plongée	Búvárkodás
Relaxation	Kikapcsolódás
Sandales	Szandál
Vacances	Nyaralás
Voyage	Utazás

Famille
Család

Ancêtre	Ős
Cousin	Unokatestvér
Enfance	Gyermekkor
Enfant	Gyermek
Enfants	Gyermekek
Femme	Feleség
Fille	Lánya
Frère	Testvér
Grand-Mère	Nagymama
Grand-Père	Nagyapa
Mari	Férj
Maternel	Anyai
Mère	Anya
Neveu	Unokaöcs
Nièce	Unokahúg
Oncle	Nagybácsi
Paternel	Apai
Petit-Fils	Unokája
Père	Apa
Tante	Néni

Ferme #1
Gazdaság #1

Abeille	Méh
Agriculture	Mezőgazdaság
Âne	Szamár
Bison	Bölény
Champ	Mező
Chat	Macska
Cheval	Ló
Chèvre	Kecske
Chien	Kutya
Clôture	Kerítés
Corbeau	Varjú
Eau	Víz
Engrais	Trágya
Foin	Széna
Miel	Méz
Poulet	Csirke
Riz	Rizs
Troupeau	Nyáj
Vache	Tehén
Veau	Borjú

Ferme #2
2. Gazdaság

Agneau	Bárány
Agriculteur	Gazda
Animaux	Állatok
Berger	Pásztor
Blé	Búza
Canard	Kacsa
Fruit	Gyümölcs
Grange	Pajta
Irrigation	Öntözés
Lait	Tej
Lama	Láma
Légume	Növényi
Maïs	Kukorica
Mouton	Juh
Nourriture	Élelmiszer
Orge	Árpa
Pré	Rét
Ruche	Méhkas
Tracteur	Traktor
Verger	Gyümölcsös

Fleurs
Virágok

Bouquet	Csokor
Gardénia	Gardénia
Hibiscus	Hibiszkusz
Jasmin	Jázmin
Jonquille	Nárcisz
Lavande	Levendula
Lilas	Halványlila
Lys	Liliom
Magnolia	Magnólia
Marguerite	Százszorszép
Orchidée	Orchidea
Passiflore	Golgotavirág
Pavot	Mák
Pétale	Szirom
Pissenlit	Pitypang
Pivoine	Bazsarózsa
Rose	Rózsa
Tournesol	Napraforgó
Trèfle	Lóhere
Tulipe	Tulipán

Forêt Tropicale
Esőerdők

Amphibiens	Kétéltűek
Botanique	Botanika
Climat	Éghajlat
Communauté	Közösség
Diversité	Sokféleség
Espèce	Faj
Insectes	Rovarok
Jungle	Dzsungel
Mammifères	Emlősök
Mousse	Moha
Nature	Természet
Nuage	Felhők
Oiseaux	Madarak
Précieux	Értékes
Préservation	Megőrzés
Refuge	Menedék
Respect	Tisztelet
Restauration	Helyreállítás
Survie	Túlélés

Formes
Alakzatok

Arc	Ív
Bords	Élek
Carré	Négyzet
Cercle	Kör
Coin	Sarok
Cône	Kúp
Côté	Oldal
Cube	Kocka
Cylindre	Henger
Ellipse	Ellipszis
Hyperbole	Hiperbola
Ligne	Vonal
Ovale	Ovális
Polygone	Poligon
Prisme	Prizma
Pyramide	Piramis
Rectangle	Téglalap
Rond	Kerek
Sphère	Gömb
Triangle	Háromszög

Fournitures d'Art
Művészeti Kellékek

Acrylique	Akril
Aquarelles	Akvarellek
Argile	Agyag
Brosses	Ecsetek
Caméra	Kamera
Chaise	Szék
Charbon	Faszén
Chevalet	Festőállvány
Colle	Ragasztó
Couleurs	Színek
Crayons	Ceruzák
Créativité	Kreativitás
Eau	Víz
Encre	Tinta
Gomme	Radír
Huile	Olaj
Idées	Ötletek
Papier	Papír
Pastels	Pasztell
Table	Asztal

Fruit
Gyümölcs

Abricot	Sárgabarack
Ananas	Ananász
Avocat	Avokádó
Baie	Bogyó
Banane	Banán
Cerise	Cseresznye
Citron	Citrom
Figue	Ábra
Framboise	Málna
Goyave	Gujávafa
Kiwi	Kivi
Mangue	Mangó
Melon	Dinnye
Nectarine	Nektarin
Orange	Narancs
Papaye	Papaja
Pêche	Őszibarack
Poire	Körte
Pomme	Alma
Raisin	Szőlő

Géographie
Földrajz

Altitude	Magasság
Atlas	Atlasz
Carte	Térkép
Continent	Kontinens
Fleuve	Folyó
Hémisphère	Félteke
Île	Sziget
Latitude	Szélesség
Mer	Tenger
Méridien	Meridián
Monde	Világ
Montagne	Hegy
Nord	Észak
Océan	Óceán
Ouest	Nyugat
Pays	Ország
Région	Vidék
Sud	Dél
Territoire	Terület
Ville	Város

Géologie
Geológia

Acide	Sav
Calcium	Kalcium
Caverne	Barlang
Continent	Kontinens
Corail	Korall
Couche	Réteg
Cristaux	Kristályok
Érosion	Erózió
Fondu	Olvadt
Fossile	Fosszilis
Geyser	Gejzír
Lave	Láva
Pierre	Kő
Plateau	Fennsík
Quartz	Kvarc
Sel	Só
Stalactite	Cseppkő
Stalagmites	Sztalagmitok
Volcan	Vulkán
Zone	Zóna

Herboristerie
Herbalism

Ail	Fokhagyma
Aromatique	Aromás
Basilic	Bazsalikom
Bénéfique	Előnyös
Culinaire	Konyhai
Estragon	Tárkony
Fenouil	Édeskömény
Fleur	Virág
Ingrédient	Összetevő
Jardin	Kert
Lavande	Levendula
Marjolaine	Majoránna
Menthe	Menta
Persil	Petrezselyem
Qualité	Minőség
Romarin	Rozmaring
Safran	Sáfrány
Saveur	Íz
Thym	Kakukkfű
Vert	Zöld

Instruments de Musique
Hangszerek

Banjo	Bendzsó
Basson	Fagott
Carillons	Harangjáték
Clarinette	Klarinét
Flûte	Fuvola
Gong	Gong
Guitare	Gitár
Harmonica	Harmonika
Harpe	Hárfa
Hautbois	Oboa
Mandoline	Mandolin
Marimba	Marimba
Piano	Zongora
Saxophone	Szaxofon
Tambour	Dob
Tambourin	Csörgődob
Trombone	Harsona
Trompette	Trombita
Violon	Hegedű
Violoncelle	Cselló

Jardin
Kert

Arbre	Fa
Banc	Pad
Buisson	Bokor
Clôture	Kerítés
Étang	Tavacska
Fleur	Virág
Garage	Garázs
Hamac	Függőágy
Herbe	Fű
Jardin	Kert
Mauvaises Herbes	Gyomok
Pelle	Lapát
Pelouse	Gyep
Râteau	Gereblye
Sol	Talaj
Terrasse	Terasz
Trampoline	Trambulin
Tuyau	Tömlő
Verger	Gyümölcsös
Vigne	Szőlő

Jouets
Játékok

Argile	Agyag
Artisanat	Kézművesség
Avion	Repülőgép
Balle	Labda
Bateau	Hajó
Camion	Kamion
Cerf-Volant	Sárkány
Crayons	Ceruzák
Échecs	Sakk
Favori	Kedvenc
Imagination	Képzelet
Jeux	Játékok
Livres	Könyvek
Poupée	Baba
Puzzle	Puzzle
Robot	Robot
Tambours	Dobok
Train	Vonat
Vélo	Kerékpár
Voiture	Autó

Jours et Mois
Napok és Hónapok

Août	Augusztus
Avril	Április
Calendrier	Naptár
Dimanche	Vasárnap
Février	Február
Janvier	Január
Jeudi	Csütörtök
Juillet	Július
Juin	Június
Lundi	Hétfő
Mardi	Kedd
Mars	Március
Mercredi	Szerda
Mois	Hónap
Novembre	November
Octobre	Október
Samedi	Szombat
Semaine	Hét
Septembre	Szeptember
Vendredi	Péntek

Les Abeilles
Méhek

Ailes	Szárnyak
Bénéfique	Előnyös
Cire	Viasz
Diversité	Sokféleség
Essaim	Raj
Écosystème	Ökoszisztéma
Fleur	Virág
Fleurs	Virágok
Fruit	Gyümölcs
Fumée	Füst
Habitat	Élőhely
Insecte	Rovar
Jardin	Kert
Miel	Méz
Nourriture	Élelmiszer
Plantes	Növények
Pollen	Pollen
Reine	Királynő
Ruche	Kaptár
Soleil	Nap

Légumes
Zöldségfélék

Ail	Fokhagyma
Artichaut	Articsóka
Aubergine	Padlizsán
Brocoli	Brokkoli
Carotte	Sárgarépa
Céleri	Zeller
Champignon	Gomba
Citrouille	Tök
Concombre	Uborka
Échalote	Mogyoróhagyma
Épinard	Spenót
Gingembre	Gyömbér
Navet	Fehérrépa
Oignon	Hagyma
Olive	Olajbogyó
Persil	Petrezselyem
Pois	Borsó
Radis	Retek
Salade	Saláta
Tomate	Paradicsom

Littérature
Irodalom

Analogie	Analógia
Analyse	Elemzés
Anecdote	Anekdota
Auteur	Szerző
Biographie	Életrajz
Conclusion	Következtetés
Description	Leírás
Dialogue	Párbeszéd
Fiction	Fikció
Métaphore	Metafora
Narrateur	Narrátor
Opinion	Vélemény
Poème	Vers
Poétique	Költői
Rime	Rím
Roman	Regény
Rythme	Ritmus
Style	Stílus
Thème	Téma
Tragédie	Tragédia

Livres
Könyvek

Auteur	Szerző
Aventure	Kaland
Collection	Gyűjtemény
Contexte	Kontextus
Dualité	Kettősség
Épique	Epikus
Histoire	Történet
Historique	Történelmi
Humoristique	Tréfás
Inventif	Találékony
Lecteur	Olvasó
Littéraire	Irodalmi
Narrateur	Narrátor
Page	Oldal
Pertinent	Ide Vonatkozó
Poème	Vers
Poésie	Költészet
Roman	Regény
Série	Sorozat
Tragique	Tragikus

Maison
Ház

Balai	Seprű
Bibliothèque	Könyvtár
Chambre	Szoba
Cheminée	Kandalló
Clés	Kulcsok
Clôture	Kerítés
Cuisine	Konyha
Douche	Zuhany
Fenêtre	Ablak
Garage	Garázs
Grenier	Padlás
Jardin	Kert
Lampe	Lámpa
Miroir	Tükör
Mur	Fal
Plafond	Mennyezet
Porte	Ajtó
Rideaux	Függönyök
Tapis	Szőnyeg
Toit	Tető

Mammifères
Emlősök

Baleine	Bálna
Chat	Macska
Cheval	Ló
Chien	Kutya
Coyote	Prérifarkas
Dauphin	Delfin
Éléphant	Elefánt
Girafe	Zsiráf
Gorille	Gorilla
Kangourou	Kenguru
Lapin	Nyúl
Lion	Oroszlán
Loup	Farkas
Mouton	Juh
Ours	Medve
Renard	Róka
Singe	Majom
Taureau	Bika
Tigre	Tigris
Zèbre	Zebra

Mathématiques
Matematika

Angles	Szögek
Arithmétique	Számtan
Carré	Négyzet
Décimal	Tizedes
Diamètre	Átmérő
Exposant	Kitevő
Équation	Egyenlet
Fraction	Töredék
Géométrie	Geometria
Nombres	Számok
Parallèle	Párhuzamos
Perpendiculaire	Merőleges
Périmètre	Kerület
Polygone	Poligon
Rayon	Sugár
Rectangle	Téglalap
Somme	Összeg
Sphère	Gömb
Symétrie	Szimmetria
Triangle	Háromszög

Mesures
Mérések

Centimètre	Centiméter
Degré	Fokozat
Décimal	Tizedes
Gramme	Gramm
Hauteur	Magasság
Kilogramme	Kilogramm
Kilomètre	Kilométer
Largeur	Szélesség
Litre	Liter
Longueur	Hossz
Masse	Tömeg
Mètre	Mérő
Minute	Perc
Octet	Bájt
Once	Uncia
Pinte	Pint
Poids	Súly
Pouce	Hüvelyk
Profondeur	Mélység
Tonne	Tonna

Meubles
Bútor

Armoire	Armoire
Banc	Pad
Bibliothèque	Könyvespolc
Bureau	Íróasztal
Canapé	Kanapé
Chaise	Szék
Commode	Komód
Coussins	Párnák
Étagères	Polcok
Fauteuil	Fotel
Futon	Futon
Hamac	Függőágy
Lampe	Lámpa
Lit	Ágy
Matelas	Matrac
Miroir	Tükör
Oreiller	Párna
Rideaux	Függönyök
Tapis	Szőnyeg

Méditation
Elmélkedés

Acceptation	Elfogadás
Attention	Figyelem
Calme	Nyugodt
Clarté	Világosság
Compassion	Együttérzés
Émotions	Érzelmek
Éveillé	Ébren
Gentillesse	Kedvesség
Gratitude	Hála
Habitudes	Szokások
Mental	Mentális
Mouvement	Mozgás
Musique	Zene
Nature	Természet
Observation	Megfigyelés
Paix	Béke
Perspective	Perspektíva
Posture	Testtartás
Respiration	Légzés
Silence	Csend

Météo
Időjárás

Arc-En-Ciel	Szivárvány
Atmosphère	Légkör
Brise	Szellő
Brouillard	Köd
Calme	Nyugodt
Ciel	Ég
Climat	Éghajlat
Glace	Jég
Mousson	Monszun
Nuage	Felhő
Ouragan	Hurrikán
Polaire	Poláris
Sec	Száraz
Sécheresse	Aszály
Température	Hőmérséklet
Tempête	Vihar
Tonnerre	Mennydörgés
Tornade	Tornádó
Tropical	Trópusi
Vent	Szél

Mythologie
Mitológia

Archétype	Archetípus
Catastrophe	Katasztrófa
Comportement	Viselkedés
Création	Teremtés
Créature	Teremtmény
Croyances	Hiedelmek
Culture	Kultúra
Éclair	Villám
Force	Erő
Guerrier	Harcos
Héroïne	Hősnő
Héros	Hős
Jalousie	Féltékenység
Labyrinthe	Labirintus
Légende	Legenda
Magique	Mágikus
Monstre	Szörny
Mortel	Halandó
Tonnerre	Mennydörgés
Vengeance	Bosszú

Nature
Természet

Abeilles	Méhek
Abri	Menedék
Animaux	Állatok
Arctique	Sarkvidéki
Beauté	Szépség
Brouillard	Köd
Désert	Sivatag
Dynamique	Dinamikus
Érosion	Erózió
Feuillage	Lombozat
Fleuve	Folyó
Forêt	Erdő
Glacier	Gleccser
Nuage	Felhők
Paisible	Békés
Sanctuaire	Szentély
Sauvage	Vad
Serein	Derűs
Tropical	Trópusi
Vital	Létfontosságú

Nombres
Számok

Cinq	Öt
Deux	Kettő
Décimal	Tizedes
Dix	Tíz
Dix-Huit	Tizennyolc
Dix-Neuf	Tizenkilenc
Dix-Sept	Tizenhét
Douze	Tizenkettő
Huit	Nyolc
Neuf	Kilenc
Quatorze	Tizennégy
Quatre	Négy
Quinze	Tizenöt
Seize	Tizenhat
Sept	Hét
Six	Hat
Treize	Tizenhárom
Trois	Három
Vingt	Húsz
Zéro	Nulla

Nourriture #1
Élelmiszer #1

Ail	Fokhagyma
Basilic	Bazsalikom
Café	Kávé
Cannelle	Fahéj
Carotte	Sárgarépa
Citron	Citrom
Épinard	Spenót
Fraise	Eper
Jus	Gyümölcslé
Lait	Tej
Navet	Fehérrépa
Oignon	Hagyma
Orge	Árpa
Poire	Körte
Salade	Saláta
Sel	Só
Soupe	Leves
Sucre	Cukor
Thon	Tonhal
Viande	Hús

Nourriture #2
Élelmiszer # 2

Amande	Mandula
Aubergine	Padlizsán
Banane	Banán
Blé	Búza
Brocoli	Brokkoli
Cerise	Cseresznye
Céleri	Zeller
Champignon	Gomba
Chocolat	Csokoládé
Jambon	Sonka
Kiwi	Kivi
Mangue	Mangó
Oeuf	Tojás
Pain	Kenyér
Poisson	Hal
Pomme	Alma
Poulet	Csirke
Raisin	Szőlő
Riz	Rizs
Tomate	Paradicsom

Nutrition
Teljesítmény

Amer	Keserű
Appétit	Étvágy
Calories	Kalória
Comestible	Ehető
Diète	Diéta
Digestion	Emésztés
Épices	Fűszerek
Fermentation	Erjesztés
Glucides	Szénhidrátok
Ingrédients	Összetevők
Liquides	Folyadékok
Poids	Súly
Protéines	Fehérjék
Qualité	Minőség
Sain	Egészséges
Santé	Egészség
Sauce	Szósz
Saveur	Íz
Toxine	Toxin
Vitamine	Vitamin

Océan
Óceán

Algue	Hínár
Anguille	Angolna
Baleine	Bálna
Bateau	Hajó
Corail	Korall
Crabe	Rák
Crevette	Garnélarák
Dauphin	Delfin
Éponge	Szivacs
Huître	Osztriga
Méduse	Medúza
Poisson	Hal
Poulpe	Polip
Requin	Cápa
Récif	Zátony
Sel	Só
Tempête	Vihar
Thon	Tonhal
Tortue	Teknős
Vagues	Hullámok

Oiseaux
Madarak

Aigle	Sas
Autruche	Strucc
Canard	Kacsa
Cigogne	Gólya
Colombe	Galamb
Corbeau	Varjú
Coucou	Kakukk
Cygne	Hattyú
Flamant	Flamingó
Héron	Gém
Manchot	Pingvin
Moineau	Veréb
Mouette	Sirály
Oeuf	Tojás
Oie	Liba
Paon	Páva
Perroquet	Papagáj
Pélican	Pelikán
Poulet	Csirke
Toucan	Tukán

Pays #2
Országok #2

Albanie	Albánia
Chine	Kína
Danemark	Dánia
France	Franciaország
Haïti	Haiti
Indonésie	Indonézia
Irlande	Írország
Jamaïque	Jamaica
Japon	Japán
Kenya	Kenya
Laos	Laosz
Liban	Libanon
Mexique	Mexikó
Ouganda	Uganda
Pakistan	Pakisztán
Russie	Oroszország
Somalie	Szomália
Soudan	Szudán
Syrie	Szíria
Ukraine	Ukrajna

Paysages
Tájképek

Cascade	Vízesés
Colline	Domb
Désert	Sivatag
Estuaire	Torkolat
Fleuve	Folyó
Geyser	Gejzír
Glacier	Gleccser
Grotte	Barlang
Iceberg	Jéghegy
Île	Sziget
Lac	Tó
Marais	Mocsár
Mer	Tenger
Montagne	Hegy
Oasis	Oázis
Péninsule	Félsziget
Plage	Strand
Toundra	Tundra
Vallée	Völgy
Volcan	Vulkán

Pêche
Halászat

Appât	Csali
Bateau	Hajó
Branchies	Kopoltyúk
Crochet	Horog
Cuire	Szakács
Eau	Víz
Exagération	Túlzás
Équipement	Felszerelés
Fil	Drót
Fleuve	Folyó
Lac	Tó
Mâchoire	Állkapocs
Océan	Óceán
Panier	Kosár
Patience	Türelem
Plage	Strand
Poids	Súly
Saison	Évszak

Pirates
Kalózok

Ancre	Horgony
Aventure	Kaland
Capitaine	Kapitány
Carte	Térkép
Cicatrice	Heg
Danger	Veszély
Drapeau	Zászló
Épée	Kard
Équipage	Legénység
Grotte	Barlang
Île	Sziget
Légende	Legenda
Mauvais	Rossz
Océan	Óceán
Or	Arany
Perroquet	Papagáj
Pièces	Érmék
Plage	Strand
Rhum	Rum
Trésor	Kincs

Plage
Strand

Bateau	Hajó
Bleu	Kék
Coquilles	Kagyló
Côte	Part
Crabe	Rák
Dock	Dokk
Île	Sziget
Lagune	Lagúna
Mer	Tenger
Nager	Úszni
Océan	Óceán
Parapluie	Esernyő
Récif	Zátony
Sable	Homok
Sandales	Szandál
Serviette	Törülköző
Soleil	Nap
Vacances	Nyaralás
Voilier	Vitorlás

Plantes
Növények

Arbre	Fa
Baie	Bogyó
Bambou	Bambusz
Botanique	Botanika
Buisson	Bokor
Cactus	Kaktusz
Engrais	Trágya
Feuillage	Lombozat
Fleur	Virág
Flore	Növényvilág
Forêt	Erdő
Grandir	Nő
Haricot	Bab
Herbe	Fű
Jardin	Kert
Lierre	Borostyán
Mousse	Moha
Pétale	Szirom
Racine	Gyökér
Végétation	Növényzet

Professions #1
Foglalkozások #1

Ambassadeur	Nagykövet
Artiste	Művész
Astronome	Csillagász
Avocat	Ügyvéd
Banquier	Bankár
Bijoutier	Ékszerész
Cartographe	Térképész
Chasseur	Vadász
Danseur	Táncos
Entraîneur	Edző
Éditeur	Szerkesztő
Géologue	Geológus
Infirmière	Ápoló
Médecin	Orvos
Musicien	Zenész
Pianiste	Zongorista
Pompier	Tűzoltó
Psychologue	Pszichológus
Scientifique	Tudós
Vétérinaire	Állatorvos

Professions #2
Foglalkozások #2

Astronaute	Űrhajós
Bibliothécaire	Könyvtáros
Biologiste	Biológus
Chercheur	Kutató
Chirurgien	Sebész
Dentiste	Fogorvos
Détective	Nyomozó
Enseignant	Tanár
Illustrateur	Illusztrátor
Ingénieur	Mérnök
Inventeur	Feltaláló
Jardinier	Kertész
Journaliste	Újságíró
Linguiste	Nyelvész
Médecin	Orvos
Peintre	Festő
Philosophe	Filozófus
Photographe	Fotós
Pilote	Pilóta
Zoologiste	Zoológus

Randonnée
Túrázás

Animaux	Állatok
Bottes	Csizma
Camping	Kemping
Carte	Térkép
Climat	Éghajlat
Dangers	Veszélyek
Eau	Víz
Falaise	Szikla
Fatigué	Fáradt
Guides	Útmutatók
Lourd	Nehéz
Météo	Időjárás
Montagne	Hegy
Nature	Természet
Orientation	Orientáció
Parcs	Parkok
Pierres	Kövek
Préparation	Előkészítés
Sauvage	Vad
Soleil	Nap

Remplir
Töltse Ki

Baignoire	Kád
Baril	Hordó
Boîte	Doboz
Bouteille	Üveg
Caisse	Láda
Carton	Karton
Dossier	Mappa
Enveloppe	Boríték
Navire	Hajó
Panier	Kosár
Paquet	Csomag
Plateau	Tálca
Poche	Zseb
Pot	Korsó
Sac	Táska
Seau	Vödör
Tiroir	Fiók
Tube	Cső
Valise	Bőrönd
Vase	Váza

Restaurant #1
Étterem #1

Allergie	Allergia
Assiette	Tányér
Bol	Tál
Café	Kávé
Caissier	Pénztáros
Couteau	Kés
Cuisine	Konyha
Dessert	Desszert
Épicé	Fűszeres
Ingrédients	Összetevők
Menu	Menü
Nourriture	Élelmiszer
Pain	Kenyér
Poulet	Csirke
Réservation	Foglalás
Sauce	Szósz
Serveuse	Pincérnő
Serviette	Szalvéta
Viande	Hús

Restaurant #2
Étterem #2

Boisson	Ital
Chaise	Szék
Cuillère	Kanál
Déjeuner	Ebéd
Délicieux	Finom
Dîner	Vacsora
Eau	Víz
Épices	Fűszerek
Fourchette	Villa
Fruit	Gyümölcs
Gâteau	Torta
Glace	Jég
Légumes	Zöldségek
Nouilles	Tészta
Oeuf	Tojás
Poisson	Hal
Salade	Saláta
Sel	Só
Serveur	Pincér
Soupe	Leves

Salle de Bains
Fürdőszoba

Bain	Fürdő
Bulles	Buborékok
Ciseaux	Olló
Douche	Zuhany
Eau	Víz
Éponge	Szivacs
Évier	Mosogató
Lotion	Krém
Miroir	Tükör
Parfum	Parfüm
Robinet	Csap
Savon	Szappan
Serviette	Törülköző
Shampooing	Sampon
Tapis	Szőnyeg
Toilette	Wc
Vapeur	Gőz

Science
Tudomány

Atome	Atom
Chimique	Kémiai
Climat	Éghajlat
Données	Adat
Expérience	Kísérlet
Évolution	Evolúció
Fait	Tény
Fossile	Fosszilis
Gravité	Gravitáció
Hypothèse	Hipotézis
Laboratoire	Laboratórium
Méthode	Módszer
Molécules	Molekulák
Nature	Természet
Observation	Megfigyelés
Organisme	Szervezet
Particules	Részecskék
Physique	Fizika
Plantes	Növények
Scientifique	Tudós

Science-Fiction
Sci-Fi

Atomique	Atomi
Cinéma	Mozi
Explosion	Robbanás
Extrême	Szélsőséges
Fantastique	Fantasztikus
Feu	Tűz
Futuriste	Futurisztikus
Galaxie	Galaxis
Illusion	Illúzió
Imaginaire	Képzeletbeli
Livres	Könyvek
Monde	Világ
Mystérieux	Rejtélyes
Oracle	Jóslat
Planète	Bolygó
Réaliste	Reális
Robots	Robotok
Scénario	Forgatókönyv
Technologie	Technológia
Utopie	Utópia

Sports
Sport

Arbitre	Játékvezető
Athlète	Atléta
Base-Ball	Baseball
Basket-Ball	Kosárlabda
Championnat	Bajnokság
Entraîneur	Edző
Équipe	Csapat
Gagnant	Győztes
Golf	Golf
Gymnastique	Torna
Hockey	Hoki
Jeu	Játék
Joueur	Játékos
Mouvement	Mozgás
Nager	Úszni
Stade	Stadion
Tennis	Tenisz
Vélo	Kerékpár

Surf
Szörfözés

Amusement	Móka
Athlète	Atléta
Champion	Bajnok
Débutant	Kezdő
Estomac	Gyomor
Extrême	Szélsőséges
Force	Erő
Foules	Tömeg
Météo	Időjárás
Mousse	Hab
Nager	Úszni
Océan	Óceán
Plage	Strand
Populaire	Népszerű
Récif	Zátony
Style	Stílus
Vague	Hullám
Vitesse	Sebesség

Technologie
Technológia

Affichage	Kijelző
Blog	Blog
Caméra	Kamera
Curseur	Kurzor
Données	Adat
Écran	Képernyő
Fichier	Fájl
Internet	Internet
Logiciel	Szoftver
Message	Üzenet
Navigateur	Böngésző
Numérique	Digitális
Octets	Bájt
Ordinateur	Számítógép
Police	Betűtípus
Recherche	Kutatás
Sécurité	Biztonság
Statistiques	Statisztika
Virtuel	Virtuális
Virus	Vírus

Temps
Idő

Année	Év
Annuel	Éves
Après	Után
Aujourd'Hui	Ma
Avant	Előtt
Bientôt	Hamar
Calendrier	Naptár
Décennie	Évtized
Futur	Jövő
Heure	Óra
Hier	Tegnap
Jour	Nap
Maintenant	Most
Matin	Reggel
Midi	Dél
Minute	Perc
Mois	Hónap
Nuit	Éjszaka
Semaine	Hét
Siècle	Század

Types de Cheveux
Haj Típusok

Argent	Ezüst
Blanc	Fehér
Blond	Szőke
Boucles	Fürtök
Brillant	Fényes
Chauve	Kopasz
Coloré	Színes
Court	Rövid
Doux	Puha
Épais	Vastag
Frisé	Göndör
Gris	Szürke
Long	Hosszú
Marron	Barna
Mince	Vékony
Noir	Fekete
Ondulé	Hullámos
Sain	Egészséges
Sec	Száraz
Tressé	Fonott

Vacances #1
Nyaralás #1

Aller	Menni
Avion	Repülőgép
Billet	Jegy
Devise	Valuta
Départ	Indulás
Douane	Vám
Expédition	Expedíció
Itinéraire	Útvonal
Lac	Tó
Musée	Múzeum
Nager	Úszni
Parapluie	Esernyő
Relaxation	Kikapcsolódás
Sac à Dos	Hátizsák
Touriste	Turista
Tram	Villamos
Valise	Bőrönd
Voiture	Autó

Vacances #2
Nyaralás #2

Aéroport	Repülőtér
Camping	Kemping
Carte	Térkép
Étranger	Külföldi
Hôtel	Szálloda
Île	Sziget
Loisir	Szabadidő
Mer	Tenger
Passeport	Útlevél
Photos	Fotók
Plage	Strand
Restaurant	Étterem
Réservations	Foglalások
Taxi	Taxi
Tente	Sátor
Train	Vonat
Transport	Szállítás
Vacances	Nyaralás
Visa	Vízum
Voyage	Utazás

Vertus #1
Erények #1

Artistique	Művészi
Bon	Jó
Charmant	Bájos
Confiant	Magabiztos
Curieux	Kíváncsi
Décisif	Döntő
Drôle	Vicces
Efficace	Hatékony
Fiable	Megbízható
Généreux	Nagylelkű
Indépendant	Független
Intelligent	Intelligens
Modeste	Szerény
Passionné	Szenvedélyes
Patient	Beteg
Pratique	Gyakorlati
Propre	Tiszta
Sage	Bölcs
Utile	Hasznos

Véhicules
Járművek

Ambulance	Mentőautó
Avion	Repülőgép
Bateau	Hajó
Bus	Busz
Camion	Kamion
Caravane	Lakókocsi
Ferry	Komp
Fusée	Rakéta
Hélicoptère	Helikopter
Métro	Metró
Moteur	Motor
Pneus	Gumik
Radeau	Tutaj
Scooter	Robogó
Taxi	Taxi
Tracteur	Traktor
Train	Vonat
Van	Furgon
Vélo	Kerékpár
Voiture	Autó

Vêtements
Ruházat

Bracelet	Karkötő
Ceinture	Öv
Chapeau	Kalap
Chaussure	Cipő
Chemise	Ing
Chemisier	Blúz
Collier	Nyaklánc
Foulard	Sál
Gants	Kesztyű
Jeans	Farmer
Jupe	Szoknya
Manteau	Kabát
Mode	Divat
Pantalon	Nadrág
Pull	Pulóver
Pyjama	Pizsama
Robe	Ruha
Sandales	Szandál
Tablier	Kötény
Veste	Dzseki

Ville
Város

Aéroport	Repülőtér
Banque	Bank
Bibliothèque	Könyvtár
Boulangerie	Pékség
Cinéma	Mozi
Clinique	Klinika
École	Iskola
Fleuriste	Virágárus
Galerie	Galéria
Hôtel	Szálloda
Librairie	Könyvesbolt
Marché	Piac
Musée	Múzeum
Pharmacie	Gyógyszertár
Restaurant	Étterem
Stade	Stadion
Supermarché	Szupermarket
Théâtre	Színház
Université	Egyetem
Zoo	Állatkert

Félicitations

Vous avez réussi !

Nous espérons que vous avez apprécié ce livre autant que nous avons pris plaisir à le concevoir. Nous faisons de notre mieux pour créer des livres de la meilleure qualité possible.
Cette édition est conçue pour permettre un apprentissage intelligent et de qualité en se divertissant !

Vous avez aimé ce livre ?

Une Simple Demande

Nos livres existent grâce aux avis que vous publiez. Pourriez-vous nous aider en laissant un avis maintenant ?

Voici un lien rapide qui vous mènera à votre
page d'évaluation de vos commandes :

BestBooksActivity.com/Avis50

CHALLENGE FINAL !

Défi n°1

Êtes-vous prêt pour votre jeu bonus ? Nous les utilisons tout le temps mais ils ne sont pas si faciles à trouver. Voici les **Synonymes** !

Notez 5 mots que vous avez trouvés dans les puzzles notés ci-dessous (n°21, n°36, n°76) et essayez de trouver 2 synonymes pour chaque mot.

Notez 5 Mots du *Puzzle 21*

Mots	Synonyme 1	Synonyme 2

Notez 5 Mots du *Puzzle 36*

Mots	Synonyme 1	Synonyme 2

Notez 5 Mots du *Puzzle 76*

Mots	Synonyme 1	Synonyme 2

Défi n°2

Maintenant que vous vous êtes échauffé, notez 5 mots que vous avez découverts dans les Puzzles n° 9, n° 17, n° 25 et essayez de trouver 2 antonymes pour chaque mot. Combien pouvez-vous en trouver en 20 minutes ?

Notez 5 Mots du **Puzzle 9**

Mots	Antonyme 1	Antonyme 2

Notez 5 Mots du **Puzzle 17**

Mots	Antonyme 1	Antonyme 2

Notez 5 Mots du **Puzzle 25**

Mots	Antonyme 1	Antonyme 2

Défi n°3

Formidable ! Ce défi final n'est rien pour vous.

Prêt pour le dernier défi ? Choisissez 10 mots que vous avez découverts parmi les différents puzzles et notez-les ci-dessous.

1.	6.
2.	7.
3.	8.
4.	9.
5.	10.

Maintenant, composez un texte en pensant à une personne, un animal ou un lieu que vous aimez !

Astuce: Vous pouvez utiliser la dernière page de ce livre comme brouillon !

Votre Composition :

CARNET DE NOTES :

À TRÈS BIENTÔT !

Toute l'équipe

DECOUVREZ DES JEUX GRATUITS

GO

↓

BESTACTIVITYBOOKS.COM/FREEGAMES